16	3	2	13
5	10	11	8
9	6	7	12
4	15	14	1

coleção TRANS

Gilles Deleuze
Félix Guattari

MIL PLATÔS
Capitalismo e esquizofrenia 2

Vol. 1

Tradução
Ana Lúcia de Oliveira,
Aurélio Guerra Neto e Célia Pinto Costa

editora 34

EDITORA 34

Editora 34 Ltda.
Rua Hungria, 592 Jardim Europa CEP 01455-000
São Paulo - SP Brasil Tel/Fax (11) 3811-6777 www.editora34.com.br

Copyright © Editora 34 Ltda. (edição brasileira), 1995
Mille plateaux © Les Éditions de Minuit, Paris, 1980

A FOTOCÓPIA DE QUALQUER FOLHA DESTE LIVRO É ILEGAL E CONFIGURA UMA
APROPRIAÇÃO INDEVIDA DOS DIREITOS INTELECTUAIS E PATRIMONIAIS DO AUTOR.

Publicado com o apoio do Ministério das Relações Exteriores da França.

Edição conforme o Acordo Ortográfico da Língua Portuguesa.

Título original:
Mille plateaux: capitalisme et schizophrénie 2

Capa, projeto gráfico e editoração eletrônica:
Bracher & Malta Produção Gráfica

Coordenação da tradução:
Ana Lúcia de Oliveira

Revisão técnica:
Luiz B. L. Orlandi

Revisão:
Leny Cordeiro

1ª Edição - 1995 (6 Reimpressões),
2ª Edição - 2011 (5ª Reimpressão - 2024)

CIP - Brasil. Catalogação-na-Fonte
(Sindicato Nacional dos Editores de Livros, RJ, Brasil)

> Deleuze, Gilles, 1925-1995
>
> D348m　　Mil platôs: capitalismo e esquizofrenia 2,
> vol. 1 / Gilles Deleuze, Félix Guattari; tradução de
> Ana Lúcia de Oliveira, Aurélio Guerra Neto e Celia
> Pinto Costa. — São Paulo: Editora 34, 2011 (2ª Edição).
> 128 p. (Coleção TRANS)
>
> Tradução de: Mille plateaux
>
> ISBN 978-85-85490-49-2
>
> 　　1. Filosofia. I. Guattari, Félix, 1930-1992.
> II. Oliveira, Ana Lúcia de. III. Guerra Neto, Aurélio.
> IV. Costa, Célia Pinto. V. Título. VI. Série.

CDD - 194

MIL PLATÔS
Vol. 1

Nota dos editores 7

Prefácio à edição italiana 9

Nota dos autores 15

1. Introdução: Rizoma 17

2. 1914 — Um só ou vários lobos? 51

3. 10.000 a.C. — A geologia da moral
(quem a Terra pensa que é?) 69

Índice onomástico 117
Índice das matérias 119
Índice das reproduções 120
Índice geral dos volumes 121
Bibliografia de Deleuze e Guattari 122
Sobre os autores 126

NOTA DOS EDITORES

Esta edição brasileira de *Mil platôs*, dividindo a obra original em cinco volumes, foi organizada com o consentimento dos autores, Gilles Deleuze e Félix Guattari, e da editora francesa, Les Éditions de Minuit. Ela inclui o prefácio redigido pelos autores para a edição italiana do livro publicada em 1987, bem como um índice onomástico.

Para facilitar a pesquisa, os confrontos e as correções, as páginas da edição original francesa estão indicadas, entre colchetes e em itálico, ao longo do texto. Os itens do "Índice das matérias" foram incluídos entre colchetes no início de cada capítulo.

Dado o uso conceitual, técnico, do verbo *devenir* em inúmeras passagens do original francês, ele e seus derivados foram aqui traduzidos pelas várias formas do verbo "devir" em português, mesmo nos casos em que é habitual o emprego do verbo "tornar".

PREFÁCIO À EDIÇÃO ITALIANA*

Gilles Deleuze e Félix Guattari

Com o passar dos anos, os livros envelhecem, ou, ao contrário, recebem uma segunda juventude. Ora eles engordam e incham, oram modificam seus traços, acentuam suas arestas, fazem subir à superfície novos planos. Não cabe aos autores determinar um tal destino objetivo. Mas cabe a eles refletir sobre o lugar que tal livro ocupou, com o tempo, no conjunto de seu projeto (destino subjetivo), ao passo que ele ocupava todo o projeto no momento em que foi escrito.

Mil platôs (1980) se seguiu a *O anti-Édipo* (1972). Mas eles tiveram objetivamente destinos muito diferentes. Sem dúvida por causa do contexto: a época agitada de um, que pertence ainda a 68, e a calmaria já absoluta, a indiferença em que o outro surgiu. *Mil platôs* foi o nosso livro de menor receptividade. Entretanto, se o preferimos, não é da maneira como uma mãe prefere seu filho desfavorecido. *O anti-Édipo* obtivera muito sucesso, mas esse sucesso se duplicava em um fracasso mais profundo. Pretendia denunciar as falhas de Édipo, do "papai-mamãe", na psicanálise, na psiquiatria e até mesmo na antipsiquiatria, na crítica literária e na imagem geral que se faz do pensamento. Sonhávamos em acabar com Édipo. Mas era uma tarefa grande demais para nós. A reação contra 68 iria mostrar a que ponto o Édipo familiar passava bem e continuava a impor seu regime de choramingo pueril na psicanálise, na literatura e por toda parte no pensamento. De modo que o Édipo continuava a ser nossa ocupação. Ao passo que *Mil platôs*, apesar de seu fracasso aparente, fazia com que désse-

---

* "Prefazione per l'edizione italiana", em *Mille piani: capitalismo e schizofrenia 2*, trad. italiana Giorgio Passerone, Roma, Istituto della Enciclopedia Italiana, 1987, pp. XI-XIV. O texto foi posteriormente reunido em Gilles Deleuze, *Deux régimes de fous (textes et entretiens 1975-1995)*, organização de David Lapoujade, Paris, Minuit, 2003, pp. 288-90. (N. da T.)

mos um passo à frente, ao menos para nós, e abordássemos terras desconhecidas, virgens de Édipo, que *O anti-Édipo* tinha apenas visto de longe sem nelas penetrar.

Os três temas de *O anti-Édipo* eram os seguintes:

1º) o inconsciente funciona como uma usina e não como um teatro (questão de produção, e não de representação);

2º) o delírio, ou o romance, é histórico-mundial, e não familiar (deliram-se as raças, as tribos, os continentes, as culturas, as posições sociais...);

3º) há exatamente uma história universal, mas é a da contingência (como os fluxos, que são o objeto da História, passam por códigos primitivos, sobrecodificações despóticas, e descodificações capitalistas que tornam possível uma conjunção de fluxos independentes).

O anti-Édipo tinha uma ambição kantiana: era preciso tentar uma espécie de *Crítica da razão pura* no nível do inconsciente. Daí a determinação de sínteses próprias ao inconsciente; o desenrolar da história como efetuação dessas sínteses; a denúncia do Édipo como "ilusão inevitável" falsificando toda produção histórica.

Mil platôs se baseia, ao contrário, em uma ambição pós-kantiana (apesar de deliberadamente anti-hegeliana). O projeto é "construtivista". É uma teoria das multiplicidades por elas mesmas, no ponto em que o múltiplo passa ao estado de substantivo, ao passo que *O anti-Édipo* ainda o considerava em sínteses e sob as condições do inconsciente. Em *Mil platôs*, o comentário sobre o Homem dos Lobos ("Um só ou vários lobos?") constitui nosso adeus à psicanálise, e tenta mostrar como as multiplicidades ultrapassam a distinção entre a consciência e o inconsciente, entre a natureza e a história, o corpo e a alma. As multiplicidades são a própria realidade, e não supõem nenhuma unidade, não entram em nenhuma totalidade e tampouco remetem a um sujeito. As subjetivações, as totalizações, as unificações são, ao contrário, processos que se produzem e aparecem nas multiplicidades. Os princípios característicos das multiplicidades concernem a seus elementos, que são *singularidades*; a suas relações, que são *devires*; a seus acontecimentos, que são *hecceidades* (quer dizer, individuações sem sujeito); a seus espaços-tempos, que são espaços e tempos *livres*; a seu modelo de realização, que é o *rizoma* (por oposição ao modelo da árvore); a seu plano de composição, que constitui *pla-*

tôs (zonas de intensidade contínua); aos vetores que as atravessam, e que constituem *territórios* e graus de *desterritorialização*.

A história universal da contingência atinge aí uma variedade maior. Em cada caso, a questão é: onde e como se faz tal encontro? Em vez de seguir, como em *O anti-Édipo*, a sequência tradicional Selvagens-Bárbaros-Civilizados, encontramo-nos agora diante de todas as espécies de formações coexistentes: os grupos primitivos, que operam por séries e por avaliação do "último" termo, em um estranho marginalismo; as comunidades despóticas, que constituem, ao contrário, conjuntos submetidos a processos de centralização (aparelhos de Estado); as máquinas de guerra nômades, que não irão apossar-se dos Estados sem que estes se apropriem da máquina de guerra, que eles não admitiam de início; os processos de subjetivação que se exercem nos aparelhos estatais e guerreiros; a convergência desses processos, no capitalismo e através dos Estados correspondentes; as modalidades de uma ação revolucionária; os fatores comparados, em cada caso, do território, da terra e da desterritorialização.

Esses três fatores podem ser vistos jogando aqui livremente, quer dizer esteticamente, no *ritornelo*. As pequenas cantigas territoriais, ou o canto dos pássaros; o grande canto da terra, quando a terra bramiu; a potente harmonia das esferas ou a voz do cosmo? É isso o que este livro teria desejado: agenciar ritornelos, *lieder*, correspondentes a cada platô. Pois a filosofia, ela também, não é diferente disso, da cançoneta ao mais potente dos cantos, uma espécie de *sprechgesang* cósmico. O pássaro de Minerva (para falar como Hegel) tem seus gritos e seus cantos; os princípios em filosofia são gritos, em torno dos quais os conceitos desenvolvem verdadeiros cantos.

Tradução de Ana Lúcia de Oliveira

MIL PLATÔS

Capitalismo e esquizofrenia 2

Vol. 1

NOTA DOS AUTORES

Esse livro é a continuação e o fim de *Capitalismo e esquizofrenia*, cujo primeiro tomo é *O anti-Édipo*.

Não é composto de capítulos, mas de "platôs". Tentamos explicar mais adiante o porquê (e também por que os textos são datados). Em certa medida, esses platôs podem ser lidos independentemente uns dos outros, exceto a conclusão, que só deveria ser lida no final.

Já foram publicados: "Rizoma" (Paris, Les Éditions de Minuit, 1976); "Um só ou vários lobos?" (revista *Minuit*, nº 5); "Como criar para si um Corpo sem Órgãos?" (*Minuit*, nº 10). Eles são aqui republicados com modificações.

1.
INTRODUÇÃO: RIZOMA
[9]

[Raíz, radícula e rizoma — Problemas dos livros — O Uno e o Múltiplo — Árvore e rizoma — As direções geográficas, Oriente, Ocidente, América — Os danos da árvore — O que é um platô?]

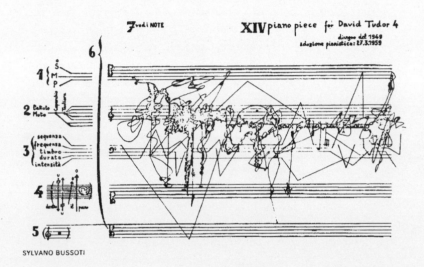

SYLVANO BUSSOTI

    Escrevemos *O anti-Édipo* a dois. Como cada um de nós era vários, já era muita gente. Utilizamos tudo o que nos aproximava, o mais próximo e o mais distante. Distribuímos hábeis pseudônimos para dissimular. Por que preservamos nossos nomes? Por hábito, exclusivamente por hábito. Para passarmos despercebidos. Para tornar imperceptível, não a nós mesmos, mas o que nos faz agir, experimentar ou pensar. E, finalmente, porque é agradável falar como todo mundo e dizer o sol nasce, quando todo mundo sabe que essa é apenas uma maneira de falar. Não chegar ao ponto em que não se diz mais EU, mas ao ponto em que já não tem qualquer importância dizer ou não dizer EU. Não somos mais nós mesmos. Cada um reconhecerá os seus. Fomos ajudados, aspirados, multiplicados.

Um livro não tem objeto nem sujeito; é feito de matérias diferentemente formadas, de datas e velocidades muito diferentes. Desde que se atribui um livro a um sujeito, negligencia-se este trabalho das matérias e a exterioridade de suas correlações. Fabrica-se um bom Deus para movimentos geológicos. Num livro, como em qualquer coisa, há linhas de articulação ou segmentaridade, estratos, territorialidades, mas também linhas de fuga, *[10]* movimentos de desterritorialização e desestratificação. As velocidades comparadas de escoamento, conforme estas linhas, acarretam fenômenos de retardamento relativo, de viscosidade ou, ao contrário, de precipitação e de ruptura. Tudo isto, as linhas e as velocidades mensuráveis, constitui um *agenciamento*. Um livro é um tal agenciamento e, como tal, inatribuível. É uma multiplicidade — mas não se sabe ainda o que o múltiplo implica, quando ele deixa de ser atribuído, quer dizer, quando é elevado ao estado de substantivo. Um agenciamento maquínico é direcionado para os estratos que fazem dele, sem dúvida, uma espécie de organismo, ou bem uma totalidade significante, ou bem uma determinação atribuível a um sujeito, mas ele não é menos direcionado para *um corpo sem órgãos*, que não para de desfazer o organismo, de fazer passar e circular partículas assignificantes, intensidades puras, e não para de atribuir-se os sujeitos aos quais não deixa senão um nome como rastro de uma intensidade. Qual é o corpo sem órgãos de um livro? Há vários, segundo a natureza das linhas consideradas, segundo seu teor ou sua densidade própria, segundo sua possibilidade de convergência sobre "um plano de consistência" que lhe assegura a seleção. Aí, como em qualquer lugar, o essencial são as unidades de medida: "*quantificar a escrita*". Não há diferença entre aquilo de que um livro fala e a maneira como é feito. Um livro tampouco tem objeto. Considerado como agenciamento, ele está somente em conexão com outros agenciamentos, em relação com outros corpos sem órgãos. Não se perguntará nunca o que um livro quer dizer, significado ou significante, não se buscará nada compreender num livro, perguntar-se-á com o que ele funciona, em conexão com o que ele faz ou não passar intensidades, em que multiplicidades ele se introduz e metamorfoseia a sua, com que corpos sem órgãos ele faz convergir o seu. Um livro existe apenas pelo fora e no fora. Assim, sendo o próprio livro uma pequena máquina, que relação, por sua vez mensurável, esta máquina literária entretém com uma máquina de guerra, uma máquina de amor, uma máquina revolucionária etc. — e com uma *máquina abstrata* que as arrasta. Fomos criticados por invocar muito frequentemente literatos. Mas a única questão, quando se escreve, é saber com que outra máquina a máquina literária pode estar ligada, e deve ser ligada, para funcionar. Kleist e uma louca máquina de guerra, Kafka e uma máquina burocrática inaudita... (e se devíssemos animal ou vegetal *por* literatura, o que não quer certamente dizer literariamente? Não seria primeiramente pela voz que alguém devém animal?). A literatura é um agenciamento, ela nada tem a ver com ideologia, e, de resto, não existe nem nunca existiu ideologia.

Falamos exclusivamente disto: multiplicidade, linhas, *[11]* estratos e segmentaridades, linhas de fuga e intensidades, agenciamentos maquínicos e seus diferentes tipos, os corpos sem órgãos e sua construção, sua seleção, o plano de consistência, as unidades de medida em cada caso. Os *estratômetros*, os *deleômetros*, as *unidades CsO* de densidade*, as *unidades CsO de convergência* não formam somente uma quantificação da escrita, mas a definem como sendo sempre a medida de outra coisa. Escrever nada tem a ver com significar, mas com agrimensar, cartografar, mesmo que sejam regiões ainda por vir.

Um primeiro tipo de livro é o livro-raiz. A árvore já é a imagem do mundo, ou a raiz é a imagem da árvore-mundo. É o livro clássico, como bela interioridade orgânica, significante e subjetiva (os estratos do livro). O livro imita o mundo, como a arte, a natureza: por procedimentos que lhes são próprios e que realizam o que a natureza não pode ou não pode mais fazer. A lei do livro é a da reflexão, o Uno que se devém dois. Como é que a lei do livro estaria na natureza, posto que ela preside a própria divisão entre mundo e livro, natureza e arte? Um devém dois: cada vez que encontramos esta fórmula, mesmo que enunciada estrategicamente por Mao Tsé-Tung, mesmo compreendida o mais "dialeticamente" possível, encontramo-nos diante do pensamento mais clássico e o mais refletido, o mais velho, o mais cansado. A natureza não age assim: as próprias raízes são pivotantes com ramificação mais numerosa, lateral e circular, não dicotômica. O espírito é mais lento que a natureza. Até mesmo o livro como realidade natu-

---

* CsO é a abreviatura de "Corpos sem Órgãos". (N. do T.)

ral é pivotante, com seu eixo e as folhas ao redor. Mas o livro como realidade espiritual, a Árvore ou a Raiz como imagem, não para de desenvolver a lei do Uno que devém dois, depois dois que devêm quatro... A lógica binária é a realidade espiritual da árvore-raiz. Até uma disciplina "avançada" como a Linguística retém como imagem de base esta árvore-raiz, que a liga à reflexão clássica (assim Chomsky e a árvore sintagmática, começando num ponto S para proceder por dicotomia). Isto quer dizer que este pensamento nunca compreendeu a multiplicidade: ele necessita de uma forte unidade principal, unidade que é suposta para chegar a duas, segundo um método espiritual. E do lado do objeto, segundo o método natural, pode-se sem dúvida passar diretamente do Uno a três, quatro ou cinco, mas sempre com a condição de dispor de uma forte unidade principal, a do pivô, que suporta as raízes secundárias. Isto não melhora nada. As relações biunívocas entre círculos sucessivos apenas substituíram a lógica binária da dicotomia. A raiz pivotante não compreende a multiplicidade mais do que o conseguido pela raiz dicotômica. Uma opera no objeto, enquanto a outra opera no sujeito. A lógica binária e as relações *[12]* biunívocas dominam ainda a psicanálise (a árvore do delírio na interpretação freudiana de Schreber), a linguística e o estruturalismo, e até a informática.

O sistema-radícula, ou raiz fasciculada, é a segunda figura do livro, da qual nossa modernidade se vale de bom grado. Desta vez a raiz principal abortou, ou se destruiu em sua extremidade: vem se enxertar nela uma multiplicidade imediata e qualquer de raízes secundárias que deflagram um grande desenvolvimento. Desta vez, a realidade natural aparece no aborto da raiz principal, mas sua unidade subsiste ainda como passada ou por vir, como possível. Deve-se perguntar se a realidade espiritual e refletida não compensa este estado de coisas, manifestando, por sua vez, a exigência de uma unidade secreta ainda mais compreensiva, ou de uma totalidade mais extensiva. Seja o método do *cut-up* de Burroughs: a dobragem de um texto sobre outro, constitutiva de raízes múltiplas e mesmo adventícias (dir-se-ia uma estaca), implica uma dimensão suplementar à dos textos considerados. É nesta dimensão suplementar da dobragem que a unidade continua seu trabalho espiritual. É neste sentido que a obra mais deliberadamente parcelar pode também ser apresentada como Obra total ou o Grande Opus. A maior parte dos métodos modernos para fazer proliferar séries ou para fazer crescer uma multiplicidade valem perfeitamente numa direção, por exemplo, linear, enquanto que uma unidade de totalização se afirma tanto mais numa outra dimensão, a de um círculo ou de um ciclo. Toda vez que uma multiplicidade se encontra presa numa estrutura, seu crescimento é compensado por uma redução das leis de combinação. Os abortadores da unidade são aqui fazedores de anjos, *doctores angelici*, posto que eles afirmam uma unidade propriamente angélica e superior. As palavras de Joyce, justamente ditas "com raízes múltiplas", somente quebram efetivamente a unidade da palavra, ou mesmo da língua, à medida que põem uma unidade cíclica da frase, do texto ou do saber. Os aforismos de Nietzsche somente quebram a unidade linear do saber à medida que remetem à unidade cíclica do eterno retorno, presente como um não sabido no pensamento. Vale dizer que o sistema fasciculado não rompe verdadeiramente com o dualismo, com a complementaridade de um sujeito e de um objeto, de uma realidade natural e de uma realidade espiritual: a unidade não para de ser contrariada e impedida no objeto, enquanto que um novo tipo de unidade triunfa no sujeito. O mundo perdeu seu pivô, o sujeito não pode nem mesmo mais fazer dicotomia, mas acede a uma mais alta unidade, de ambivalência ou de sobredeterminação, numa dimensão sempre suplementar àquela de seu objeto. O mundo deveio caos, mas o livro permanece sendo imagem do mundo, *caosmo-radícula*, em vez *[13]* de cosmo-raiz. Estranha mistificação, esta do livro, que é tanto mais total quanto mais fragmentada. O livro como imagem do mundo é de toda maneira uma ideia insípida. Na verdade não basta dizer Viva o múltiplo, grito de resto difícil de emitir. Nenhuma habilidade tipográfica, lexical ou mesmo sintática será suficiente para fazê-lo ouvir. *É preciso fazer* o múltiplo, não acrescentando sempre uma dimensão superior, mas, ao contrário, da maneira simples, com força de sobriedade, no nível das dimensões de que se dispõe, sempre n-1 (é somente assim que o uno faz parte do múltiplo, estando sempre subtraído dele). Subtrair o único da multiplicidade a ser constituída; escrever a n-1. Um tal sistema poderia ser chamado de rizoma. Um rizoma como haste subterrânea distingue-se absolutamente das raízes e radículas. Os bulbos, os tubérculos, são rizomas. Plantas com raiz ou radícula podem ser

Introdução: Rizoma

rizomórficas num outro sentido inteiramente diferente: é uma questão de saber se a botânica, em sua especificidade, não seria inteiramente rizomórfica. Até animais o são, sob sua forma matilha; ratos são rizomas. As tocas o são, com todas suas funções de hábitat, de provisão, de deslocamento, de evasão e de ruptura. O rizoma nele mesmo tem formas muito diversas, desde sua extensão superficial ramificada em todos os sentidos até suas concreções em bulbos e tubérculos. Há rizoma quando os ratos deslizam uns sobre os outros. Há o melhor e o pior no rizoma: a batata e a grama, a erva daninha. Animal e planta, a grama é o *capim-pé-de-galinha*. Sentimos que não convenceremos ninguém se não enumerarmos certas características aproximativas do rizoma.

1º e 2º — Princípios de conexão e de heterogeneidade: qualquer ponto de um rizoma pode ser conectado a qualquer outro e deve sê-lo. É muito diferente da árvore ou da raiz que fixam um ponto, uma ordem. A árvore linguística à maneira de Chomsky começa ainda num ponto S e procede por dicotomia. Num rizoma, ao contrário, cada traço não remete necessariamente a um traço linguístico: cadeias semióticas de toda natureza são aí conectadas a modos de codificação muito diversos, cadeias biológicas, políticas, econômicas, etc., colocando em jogo não somente regimes de signos diferentes, mas também estatutos de estados de coisas. *Os agenciamentos coletivos de enunciação* funcionam, com efeito, diretamente nos *agenciamentos maquínicos*, e não se pode estabelecer um corte radical entre os regimes de signos e seus objetos. Na linguística, mesmo quando se pretende ater-se ao explícito e nada supor da língua, acaba-se permanecendo no interior das esferas de um discurso que implica ainda modos de agenciamento e tipos de poder sociais particulares. A gramaticalidade de Chomsky, o [14] símbolo categorial S que domina todas as frases, é antes de tudo um marcador de poder antes de ser um marcador sintático: você constituirá frases gramaticalmente corretas, você dividirá cada enunciado em sintagma nominal e sintagma verbal (primeira dicotomia...). Não se criticarão tais modelos linguísticos por serem demasiado abstratos, mas, ao contrário, por não sê-lo bastante, por não atingir a *máquina abstrata* que opera a conexão de uma língua com os conteúdos semânticos e pragmáticos de enunciados, com agenciamentos coletivos de enunciação, com toda uma micropolítica do campo social. Um rizoma não cessaria de conectar cadeias semióticas, organizações de poder, ocorrências que remetem às artes, às ciências, às lutas sociais. Uma cadeia semiótica é como um tubérculo que aglomera atos muito diversos, linguísticos, mas também perceptivos, mímicos, gestuais, cogitativos: não existe língua em si, nem universalidade da linguagem, mas um concurso de dialetos, de patoás, de gírias, de línguas especiais. Não existe locutor-auditor ideal, como também não existe comunidade linguística homogênea. A língua é, segundo uma fórmula de Weinreich, "uma realidade essencialmente heterogênea". Não existe uma língua-mãe, mas tomada de poder por uma língua dominante dentro de uma multiplicidade política. A língua se estabiliza em torno de uma paróquia, de um bispado, de uma capital. Ela faz bulbo. Ela evolui por hastes e fluxos subterrâneos, ao longo de vales fluviais ou de linhas de estradas de ferro, espalha-se como manchas de óleo.[1] Podem-se sempre efetuar, na língua, decomposições estruturais internas: isto não é fundamentalmente diferente de uma busca das raízes. Há sempre algo de genealógico numa árvore, não é um método popular. Ao contrário, um método de tipo rizoma é obrigado a analisar a linguagem efetuando um descentramento sobre outras dimensões e outros registros. Uma língua não se fecha sobre si mesma senão em uma função de impotência.

3º — Princípio de multiplicidade: é somente quando o múltiplo é efetivamente tratado como substantivo, multiplicidade, que ele não tem mais nenhuma relação com o uno como sujeito ou como objeto, como realidade natural ou espiritual, como imagem e mundo. As multiplicidades são rizomáticas e denunciam as pseudomultiplicidades arborescentes. Inexistência, pois, de unidade que sirva de pivô no objeto ou que se divida no sujeito. Inexistência de unidade ainda que fosse para abortar no objeto e para "voltar" no sujeito. Uma multiplicidade não tem nem sujeito nem objeto, mas somente determinações, grandezas, dimensões que não podem crescer sem que *[15]* mude de natureza (as leis de combinação crescem então com a multiplicidade). Os fios da marionete, considerados como rizoma ou multiplicidade,

---

[1] Cf. Bertil Malmberg, *Les Nouvelles tendances de la linguistique*, tradução francesa Jacques Gengoux, Paris, PUF, 1966, pp. 97 ss. (o exemplo do dialeto castelhano).

Introdução: Rizoma

não remetem à vontade suposta una de um artista ou de um operador, mas à multiplicidade das fibras nervosas que formam por sua vez uma outra marionete seguindo outras dimensões conectadas às primeiras. "Os fios ou as hastes que movem as marionetes — chamemo-los a trama. Poder-se-ia objetar que *sua multiplicidade* reside na pessoa do ator que a projeta no texto. Seja, mas suas fibras nervosas formam por sua vez uma trama. E eles mergulham através de uma massa cinza, a grade, até o indiferenciado... O jogo se aproxima da pura atividade dos tecelões, a aqueles que os mitos atribuem às Parcas e às Norns.[2] Um agenciamento é precisamente este crescimento das dimensões numa multiplicidade que muda necessariamente de natureza à medida que ela aumenta suas conexões. Não existem pontos ou posições num rizoma como se encontra numa estrutura, numa árvore, numa raiz. Existem somente linhas. Quando Glenn Gould acelera a execução de uma passagem não age exclusivamente como virtuose; transforma os pontos musicais em linhas, faz proliferar o conjunto. Acontece que o número deixou de ser um conceito universal que mede os elementos segundo seu lugar numa dimensão qualquer, para devir ele próprio uma multiplicidade variável segundo as dimensões consideradas (primado do domínio sobre um complexo de números ligado a este domínio). Nós não temos unidades de medida, mas somente multiplicidades ou variedades de medida. A noção de unidade aparece unicamente quando se produz numa multiplicidade uma tomada de poder pelo significante ou um processo correspondente de subjetivação: é o caso da unidade-pivô que funda um conjunto de correlações biunívocas entre elementos ou pontos objetivos, ou do Uno que se divide segundo a lei de uma lógica binária da diferenciação no sujeito. A unidade sempre opera no seio de uma dimensão vazia suplementar àquela do sistema considerado (sobrecodificação). Mas acontece, justamente, que um rizoma, ou multiplicidade, não se deixa sobrecodificar, nem jamais dispõe de dimensão suplementar ao número de suas linhas,

[2] Ernst Jünger, *Approches drogues et ivresse*, trad. francesa Henri Plard, Paris, Table Ronde, 1973, pp. 304, par. 218. [Na mitologia germânica, a Norns correspondem às Parcas latinas que, por sua vez, correspondem às Moiras gregas (Moirai): Átropo, Clato e Láquesis, divindades fiandeiras que tecem a regulação da vida, desde o nascimento até a morte. (N. do T.)]

quer dizer, à multiplicidade de números ligados a estas linhas. Todas as multiplicidades são planas, uma vez que elas preenchem, ocupam todas as suas dimensões: falar-se-á então de um *plano de consistência* das multiplicidades, se bem que este "plano" seja de dimensões crescentes segundo o número de conexões que se estabelecem nele. As multiplicidades se definem pelo fora: pela linha abstrata, linha de fuga ou de desterritorialização *[16]* segundo a qual elas mudam de natureza ao se conectarem às outras. O plano de consistência (grade) é o fora de todas as multiplicidades. A linha de fuga marca, ao mesmo tempo: a realidade de um número de dimensões finitas que a multiplicidade preenche efetivamente; a impossibilidade de toda dimensão suplementar, sem que a multiplicidade se transforme segundo esta linha; a possibilidade e a necessidade de achatar todas estas multiplicidades sobre um mesmo plano de consistência ou de exterioridade, sejam quais forem suas dimensões. O ideal de um livro seria expor toda coisa sobre um tal plano de exterioridade, sobre uma única página, sobre uma mesma paragem: acontecimentos vividos, determinações históricas, conceitos pensados, indivíduos, grupos e formações sociais. Kleist inventou uma escrita deste tipo, um encadeamento quebradiço de afetos com velocidades variáveis, precipitações e transformações, sempre em correlação com o fora. Anéis abertos. Assim, seus textos se opõem de todos os pontos de vista ao livro clássico e romântico, constituído pela interioridade de uma substância ou de um sujeito. O livro-máquina de guerra, contra o livro-aparelho de Estado. *As multiplicidades planas a n dimensões* são a assignificantes e assubjetivas. Elas são designadas por artigos indefinidos, ou antes partitivos (*c'est du chiendent, du rhizome...*) [é grama, é rizoma...]

4º — Princípio de ruptura assignificante: contra os cortes demasiado significantes que separam as estruturas, ou que atravessam uma estrutura. Um rizoma pode ser rompido, quebrado em um lugar qualquer, e também retoma segundo uma ou outra de suas linhas e segundo outras linhas. É impossível exterminar as formigas, porque elas formam um rizoma animal do qual a maior parte pode ser destruída sem que ele deixe de se reconstruir. Todo rizoma compreende linhas de segmentaridade segundo as quais ele é estratificado, territorializado, organizado, significado, atribuído, etc.; mas compreende também linhas de desterritorialização pelas quais ele foge sem parar. Há ruptura no rizoma cada vez que linhas segmentares explodem numa linha de fuga, mas a linha de fuga faz parte do rizoma. Estas linhas não param de se remeter uma às outras. É por isto que não se pode contar com um dualismo ou uma dicotomia, nem mesmo sob a forma rudimentar do bom e do mau. Faz-se uma ruptura, traça-se uma linha de fuga, mas corre-se sempre o risco de reencontrar nela organizações que reestratificam o conjunto, formações que dão novamente o poder a um significante, atribuições que reconstituem um sujeito — tudo o que se quiser, desde as ressurgências edipianas até as concreções fascistas. Os grupos e os indivíduos contêm microfascismos sempre à espera de cristalização. Sim, a grama é também rizoma. O bom o mau são somente o produto de uma seleção ativa e temporária a ser recomeçada. *[17]*

Como é possível que os movimentos de desterritorialização e os processos de reterritorialização não fossem relativos, não estivessem em perpétua ramificação, presos uns aos outros? A orquídea se desterritorializa, formando uma imagem, um decalque de vespa; mas a vespa se reterritorializa sobre esta imagem. A vespa se desterritorializa, no entanto, devindo ela mesma uma peça no aparelho de reprodução da orquídea; mas ela reterritorializa a orquídea, transportando o pólen. A vespa e a orquídea fazem rizoma em sua heterogeneidade. Poder-se-ia dizer que a orquídea imita a vespa cuja imagem reproduz de maneira significante (mimese, mimetismo, fingimento, etc.). Mas isto é somente verdade no nível dos estratos — paralelismo entre dois estratos determinados cuja organização vegetal sobre um deles imita uma organização animal sobre o outro. Ao mesmo tempo trata-se de algo completamente diferente: não mais imitação, mas captura de código, mais-valia de código, aumento de valência, verdadeiro devir, devir-vespa da orquídea, devir-orquídea da vespa, cada um destes devires assegurando a desterritorialização de um dos termos e a reterritorialização do outro, os dois devires se encadeando e se revezando segundo uma circulação de intensidades que empurra a desterritorialização cada vez mais longe. Não há imitação nem semelhança, mas explosão de duas séries heterogêneas na linha de fuga composta de um rizoma comum que não pode mais ser atribuído, nem submetido ao que quer que seja de significante. Rémy Chauvin diz muito bem: "*Evolução aparalela* de dois seres que não têm absolutamente nada a ver um com o outro".[3] Mais geralmente, pode acontecer que os esquemas de evolução sejam levados a abandonar o velho modelo da árvore e da descendência. Em certas condições, um vírus pode conectar-se a células germinais e transmitir-se como gene celular de uma espécie complexa; além disso, ele poderia fugir, passar em células de uma outra espécie, não sem carregar "informações genéticas" vindas do primeiro anfitrião (como evidenciam as pesquisas atuais de Benveniste e Todaro sobre um vírus de tipo C, em sua dupla conexão com o ADN do babuíno e o ADN de certas espécies de gatos domésticos). Os esquemas de evolução não se fariam mais somente segundo modelos de descendência arborescente, indo do menos diferenciado ao mais diferenciado, mas segundo um rizoma que opera imediatamente no heterogêneo e salta de uma linha já diferenciada a uma outra.[4] *[18]* É o caso, ainda aqui, da a *evolução aparalela* do babuíno e do gato, onde um não é evidentemente o modelo do outro, nem o outro a cópia do primeiro (um devir-babuíno no gato não significaria que o gato "faça como" o babuíno). Nós fazemos rizoma com nossos vírus, ou antes, nossos vírus nos fazem fazer rizoma com outros animais. Como diz Jacob, as transferências de material genético por intermédio de vírus ou por outros procedimentos, as fusões de células saídas de espécies diferentes, têm resultados análogos àqueles dos "amores abomináveis apreciados na Antiguidade e na Idade

[3] Rémy Chauvin, in *Entretiens sur la sexualité*, Paris, Plon, 1969, p. 205.

[4] Sobre os trabalhos de R. E. Benveniste e G. J. Todaro, cf. Yves Christen, "Le rôle des virus dans l'évolution", *La Recherche*, nº 54, mar. 1975: "Após integração-extração numa célula, e tendo havido um erro de excisão, os vírus podem carregar fragmentos de DNA de seu anfitrião e transmiti-los para novas células: é, aliás, a base do que se chama *engenharia genética*. Daí resulta que a informação genética própria de um organismo poderia ser transferida a um outro graças aos vírus. Se se interessa pelas situações extremas, pode-se até imaginar que esta transferência de informação poderia efetuar-se de uma espécie mais evoluída a uma espécie menos evoluída ou geradora da precedente. Este mecanismo funcionaria então em sentido inverso àquele que a evolução utiliza de uma maneira clássica. Se tais passagens de informações tivessem tido uma grande importância, seríamos até levados em certos casos a *substituir esquemas reticulares (com comunicações entre ramos após suas diferenciações) aos esquemas em arbusto ou em árvore que servem hoje para representar a evolução*" (p. 271).

Introdução: Rizoma

Média".[5] Comunicações transversais entre linhas diferenciadas embaralham as árvores genealógicas. Buscar sempre o molecular, ou mesmo a partícula submolecular com a qual fazemos aliança. Evoluímos e morremos devido a nossas gripes polimórficas e rizomáticas mais do que devido a nossas doenças de descendência ou que têm elas mesma sua descendência. O rizoma é uma antigenealogia.

É a mesma coisa quanto ao livro e ao mundo: o livro não é a imagem do mundo segundo uma crença enraizada. Ele faz rizoma com o mundo, há evolução aparalela do livro e do mundo, o livro assegura a desterritorialização do mundo, mas o mundo opera uma reterritorialização do livro, que se desterritorializa por sua vez em si mesmo no mundo (se ele é disto capaz e se ele pode). O mimetismo é um conceito muito ruim, dependente de uma lógica binária, para fenômenos de natureza inteiramente diferente. O crocodilo não reproduz um tronco de árvore assim como o camaleão não reproduz as cores de sua vizinhança. A Pantera Cor-de-Rosa nada imita, nada reproduz; ela pinta o mundo com sua cor, rosa sobre rosa, é o seu devir-mundo, de forma a devir ela mesma imperceptível, ela mesma assignificante, fazendo sua ruptura, sua linha de fuga, levando até o fim sua "evolução aparalela". Sabedoria das plantas: inclusive quando elas são de raízes, há sempre um fora onde elas fazem rizoma com algo — com o vento, com um animal, com o homem (e também um aspecto pelo qual os próprios animais fazem [19] rizoma, e os homens etc.) "A embriaguez como *irrupção* triunfal da planta em nós." Seguir sempre o rizoma por ruptura, alongar, prolongar, revezar a linha de fuga, fazê-la variar, até produzir a linha mais abstrata e a mais tortuosa, com n dimensões, com direções rompidas. Conjugar os fluxos desterritorializados. Seguir as plantas: começando por fixar os limites de uma primeira linha segundo círculos de convergência ao redor de singularidades sucessivas; depois, observando-se, no interior desta linha, novos círculos de convergência se estabelecem com novos pontos situados fora dos limites e em outras direções. Escrever, fazer rizoma, aumentar seu território por desterritorialização, estender a linha de fuga até o ponto

---

[5] François Jacob, *La Logique du vivant: une histoire de l'hérédité*, Paris, Gallimard, 1970, pp. 312, 333.

em que ela cubra todo o plano de consistência em uma máquina abstrata. "Primeiro, caminhe até tua primeira planta e lá observe atentamente como escoa a água de torrente a partir deste ponto. A chuva deve ter transportado os grãos para longe. Siga as valas que a água escavou, e assim conhecerá a direção do escoamento. Busque então a planta que, nesta direção, encontra-se o mais afastado da tua. Todas aquelas que crescem entre estas duas são para ti. Mais tarde, quando esta últimas derem por sua vez grãos, tu poderás, seguindo o curso das águas, a partir de cada uma destas plantas, aumentar teu território."[6] A música nunca deixou de fazer passar suas linhas de fuga, como outras tantas "multiplicidades de transformação", mesmo revertendo seus próprios códigos, os que a estruturam ou a arborificam; por isto a forma musical, até em suas rupturas e proliferações, é comparável à erva daninha, um rizoma.[7]

5º e 6º — Princípio de cartografia e de decalcomania: um rizoma não pode ser justificado por nenhum modelo estrutural ou gerativo. Ele é estranho a qualquer ideia de eixo genético ou de estrutura profunda. Um eixo genético é como uma unidade pivotante objetiva sobre a qual se organizam estados sucessivos; uma estrutura profunda é, antes, como que uma sequência de base decomponível em constituintes imediatos, enquanto que a unidade do produto se apresenta numa outra dimensão, transformacional e subjetiva. Não se sai, assim, do modelo representativo da árvore ou da raiz-pivotante ou fasciculada (por exemplo, a "árvore" [20] chomskiana associada à sequência de base, representando o processo de seu engendramento segundo uma lógica binária). Variação sobre o mais velho pensamento. Do eixo genético ou da estrutura profunda, dizemos que eles são antes de tudo princípios de *decalque*, reprodutíveis ao infinito. Toda lógica da árvore é uma lógica do decalque e da reprodução. Tanto na Linguís-

---

[6] Carlos Castañeda, *L'Herbe du diable et la petite fumée*, trad. francesa Marcel Kahn, Paris, Soleil Noir, 1972, p. 160.

[7] Pierre Boulez, *Par volonté et par hasard*, Paris, Seuil, 1975: "Você a planta num certo terreno e, bruscamente, ela se põe a proliferar como erva daninha". E *passim*, sobre a proliferação musical, p. 89: "uma música que flutua, na qual a própria escrita traz para o instrumentista uma impossibilidade de preservar uma coincidência com um tempo ritmado".

tica quanto na Psicanálise, ela tem como objeto um inconsciente ele mesmo representante, cristalizado em complexos codificados, repartido sobre um eixo genético ou distribuído numa estrutura sintagmática. Ela tem como finalidade a descrição de um estado de fato, o reequilíbrio de correlações intersubjetivas, ou a exploração de um inconsciente já dado camuflado, nos recantos obscuros da memória e da linguagem. Ela consiste em decalcar algo que se dá já feito, a partir de uma estrutura que sobrecodifica ou de um eixo que suporta. A árvore articula e hierarquiza os decalques, os decalques são como folhas da árvore.

Diferente é o rizoma, *mapa e não decalque*. Fazer o mapa, não o decalque. A orquídea não reproduz o decalque da vespa, ela compõe um mapa com a vespa no seio de um rizoma. Se o mapa se opõe ao decalque é por estar inteiramente voltado para uma experimentação ancorada no real. O mapa não reproduz um inconsciente fechado sobre ele mesmo, ele o constrói. Ele contribui para a conexão dos campos, para o desbloqueio dos corpos sem órgãos, para sua abertura máxima sobre um plano de consistência. Ele faz parte do rizoma. O mapa é aberto, é conectável em todas as suas dimensões, desmontável, reversível, suscetível de receber modificações constantemente. Ele pode ser rasgado, revertido, adaptar-se a montagens de qualquer natureza, ser preparado por um indivíduo, um grupo, uma formação social. Pode-se desenhá-lo numa parede, concebê-lo como obra de arte, construí-lo como uma ação política ou como uma meditação. Uma das características mais importantes do rizoma talvez seja a de ter sempre múltiplas entradas; a toca, neste sentido, é um rizoma animal, e comporta às vezes uma nítida distinção entre linha de fuga como corredor de deslocamento e os estratos de reserva ou de habitação (cf. por exemplo, a lontra). Um mapa tem múltiplas entradas contrariamente ao decalque que volta sempre "ao mesmo". Um mapa é uma questão de performance, enquanto que o decalque remete sempre a uma presumida "competência". Ao contrário da psicanálise, da competência psicanalítica, que achata cada desejo e enunciado sobre um eixo genético ou uma estrutura sobrecodificante e que produz ao infinito monótonos decalques dos estágios sobre este eixo ou dos constituintes nesta estrutura, a esquizoanálise recusa toda ideia de fatalidade decalcada, seja qual for o nome que se lhe dê, divina, anagógica, histórica, *[21]* econômica, estrutural, hereditária ou sintagmática. (Vê--se bem como Melanie Klein não compreende o problema de cartografia de uma de suas crianças pacientes, o pequeno Richard, e contenta-se em produzir decalques estereotipados — Édipo, o bom e o mau papai, a má e boa mamãe — enquanto que a criança tenta com desespero prosseguir uma performance que a psicanálise desconhece absolutamente.)[8] As pulsões e objetos parciais não são nem estágios sobre o eixo genético, nem posições numa estrutura profunda, são opções políticas para problemas, entradas e saídas, impasses que a criança vive politicamente, quer dizer, com toda força de seu desejo.

Entretanto será que nós não restauramos um simples dualismo opondo os mapas aos decalques, como um bom e um mau lado? Não é próprio do mapa poder ser decalcado? Não é próprio de um rizoma cruzar as raízes, confundir-se às vezes com elas? Um mapa não comporta fenômenos de redundância que já são como que seus próprios decalques? Uma multiplicidade não tem seus estratos onde se enraízam unificações e totalizações, massificações, mecanismos miméticos, tomadas de poder significantes, atribuições subjetivas? As linhas de fuga, inclusive elas, não vão reproduzir, a favor de sua divergência eventual, formações que elas tinham por função desfazer ou inverter? Mas o inverso é também verdadeiro, é uma questão de método: *é preciso sempre projetar o decalque sobre o mapa*. E esta operação não é de forma alguma simétrica à precedente, porque, com todo o rigor, não é exato que um decalque reproduza o mapa. Ele é antes como uma foto, um rádio que começaria por eleger ou isolar o que ele tem a intenção de reproduzir, com a ajuda de meios artificiais, com a ajuda de colorantes ou outros procedimentos de coação. É sempre o imitador quem cria seu modelo e o atrai. O decalque já traduziu o mapa em imagem, já transformou o rizoma em raízes e radículas. Organizou, estabilizou, neutralizou as multiplicidades segundo eixos de significância e de subjetivação que são os seus. Ele gerou, estruturalizou o rizoma, e o decalque já não reproduz senão ele mesmo quando crê reproduzir outra coisa. Por isto ele é tão perigoso. Ele injeta redun-

---

[8] Cf. Melanie Klein, *Psychanalyse d'un enfant*, trad. francesa, Paris, Tchou, 1973: o papel dos mapas de guerra nas atividades de Richard.

dâncias e as propaga. O que o decalque reproduz do mapa ou do rizoma são somente os impasses, os bloqueios, os germes de pivô ou os pontos de estruturação. Vejam a Psicanálise e a Linguística: uma só tirou *[22]* decalques ou fotos do inconsciente, a outra, decalques ou fotos da linguagem, com todas as traições que isto supõe (não é de espantar que a Psicanálise tenha ligado sua sorte à da Linguística). Vejam o que acontece já ao pequeno Hans em pura Psicanálise de criança: não se parou nunca de lhe QUEBRAR SEU RIZOMA, de lhe MANCHAR SEU MAPA, de colocá-lo no bom lugar, de lhe bloquear qualquer saída, até que ele deseje sua própria vergonha e sua culpa, FOBIA (impede-se-lhe o rizoma do prédio, depois, o da rua, enraizando-o na cama dos pais, radiculando-o sobre seu próprio corpo, e, finalmente bloqueando-o sobre o professor Freud. Freud considera explicitamente a cartografia do pequeno Hans, mas sempre somente para rebatê-la sobre uma foto de família. E vejam o que faz Melanie Klein com os mapas geopolíticos do pequeno Richard: ela tira fotos, ela faz decalques, tirem fotos ou sigam o eixo, estágio genético ou destino estrutural, seu rizoma será quebrado. Deixarão que vocês vivam e falem, com a condição de impedir qualquer saída. Quando um rizoma é fechado, arborificado, acabou, do desejo nada mais passa; porque é sempre por rizoma que o desejo se move e produz. Toda vez que o desejo segue uma árvore acontecem as quedas internas que o fazem declinar e o conduzem à morte; mas o rizoma opera sobre o desejo por impulsões exteriores e produtivas.

Por isto é tão importante tentar a outra operação, inversa mas não simétrica. Religar os decalques ao mapa, relacionar as raízes ou as árvores a um rizoma. Estudar o inconsciente, no caso do pequeno Hans, seria mostrar como ele tenta constituir um rizoma, com a casa da família, mas também com a linha de fuga do prédio, da rua, etc.; como estas linhas são obstruídas, como o menino é enraizado na família, fotografado sob o pai, decalcado sobre a cama materna; depois, como a intervenção do professor Freud assegura uma tomada de poder do significante como subjetivação dos afetos; como o menino não pode mais fugir senão sob a forma de um devir-animal apreendido como vergonhoso e culpado (o devir-cavalo do pequeno Hans, verdadeira opção política). Seria necessário sempre ressituar os impasses sobre o mapa e por aí abri-los sobre linhas de fuga possíveis. A mesma coisa para um mapa de grupo: mostrar até que ponto do rizoma se formam fenômenos de massificação, de burocracia, de *leadership*, de fascistização, etc., que linhas subsistem, no entanto, mesmo subterrâneas, continuando a fazer obscuramente rizoma. O método Deligny: produzir o mapa dos gestos e dos movimentos de uma criança autista, combinar vários mapas para a mesma *[23]* criança, para várias crianças...[9] Se é verdade que o mapa ou o rizoma têm essencialmente entradas múltiplas, consideraremos que se pode entrar nelas pelo caminho dos decalques ou pela via das árvores-raízes, observando as precauções necessárias (renunciando-se também aí a um dualismo maniqueísta). Por exemplo, seremos seguidamente obrigados a cair em impasses, a passar por poderes significantes e afetos subjetivos, a nos apoiar em formações edipianas, paranoicas ou ainda piores, assim como sobre territorialidades endurecidas que tornam possíveis outras operações transformacionais. Pode ser até que a Psicanálise sirva, não obstante ela, de ponto de apoio. Em outros casos, ao contrário, nos apoiaremos diretamente sobre uma linha de fuga que permita explodir os estratos, romper as raízes e operar novas conexões. Há, então, agenciamentos muito diferentes de mapas-decalques, rizomas-raízes, com coeficientes variáveis de desterritorialização. Existem estruturas de árvore ou de raízes nos rizomas, mas, inversamente, um galho de árvore ou uma divisão de raiz podem recomeçar a brotar em rizoma. A demarcação não depende aqui de análises teóricas que impliquem universais, mas de uma pragmática que compõe as multiplicidades ou conjuntos de intensidades. No coração de uma árvore, no oco de uma raiz ou na axila de um galho, um novo rizoma pode se formar. Ou então é um elemento microscópico da árvore raiz, uma radícula, que incita a produção de um rizoma. A contabilidade e a burocracia procedem por decalques: elas podem, no entanto, começar a brotar, a lançar hastes de rizoma, como num romance de Kafka. Um traço intensivo começa a trabalhar por sua conta, uma percepção alucinatória, uma sinestesia, uma mutação perversa, um jogo de imagens se destacam e a hegemonia do significante é recolo-

---

[9] Fernand Deligny, "Voix et voir", *Cahiers de l'Immuable, Recherches*, nº 18, abr. 1975.

cada em questão. Semióticas gestuais, mímicas, lúdicas etc. retomam sua liberdade na criança e se liberam do "decalque", quer dizer, da competência dominante da língua do mestre — um acontecimento microscópico estremece o equilíbrio do poder local. Assim, as árvores gerativas, construídas a partir do modelo sintagmático de Chomsky, poderiam abrir-se em todos os sentidos, fazer, por sua vez, rizoma.[10] Ser rizomorfo é produzir hastes e filamentos que parecem raízes, ou, melhor ainda, que se conectam com elas penetrando [24] no tronco, podendo fazê-las servir a novos e estranhos usos. Estamos cansados da árvore. Não devemos mais acreditar em árvores, em raízes ou radículas, já sofremos muito. Toda a cultura arborescente é fundada sobre elas, da biologia à linguística. Ao contrário, nada é belo, nada é amoroso, nada é político a não ser que sejam arbustos subterrâneos e as raízes aéreas, o adventício e o rizoma. Amsterdã, cidade não enraizada, cidade rizoma com seus canais em hastes, onde a utilidade se conecta à maior loucura, em sua relação com uma máquina de guerra comercial.

O pensamento não é arborescente e o cérebro não é uma matéria enraizada nem ramificada. O que se chama equivocadamente de "dendritos" não assegura uma conexão dos neurônios num tecido contínuo. A descontinuidade das células, o papel dos axônios, o funcionamento das sinapses, a existência de microfendas sinápticas, o salto de cada mensagem por cima destas fendas fazem do cérebro uma multiplicidade que, no seu plano de consistência ou em sua articulação, banha todo um sistema, probalístico incerto, *uncertain nervous system*. Muitas pessoas têm uma árvore plantada na cabeça, mas o próprio cérebro é muito mais uma erva do que uma árvore. "O axônio e o dendrito enrolam-se um ao redor do outro como a campanulácia em torno de espinheiro, com uma sinapse em cada espinho."[11] É como no caso da memória... Os neurólogos, os psicofisiólogos, distinguem

[10] Cf. Dieter Wunderlich, "Pragmatique, situation d'énonciation et Deixis", *Langages*, n° 26, Paris, jun. 1972, pp. 50 ss.: as tentativas de McCawley, de Sadock e de Wunderlich para introduzir "propriedades pragmáticas" nas árvores chomskianas.

[11] Steven Rose, *Le Cerveau conscient*, trad. francesa Mireille Boris, Paris, Seuil, 1975, p. 97, e sobre a memória, pp. 250 ss.

uma memória longa e uma memória curta (da ordem de um minuto). Ora, a diferença não é somente quantitativa: a memória curta é de tipo rizoma, diagrama, enquanto que a longa é arborescente e centralizada (impressão, engrama, decalque ou foto). A memória curta não é de forma alguma submetida a uma lei de contiguidade ou de imediatidade em relação a seu objeto; ela pode acontecer à distância, vir ou voltar muito tempo depois, mas sempre em condições de descontinuidade, de ruptura e de multiplicidade. Além disto, as duas memórias não se distinguem como dois modos temporais de apreensão da mesma coisa; não é a mesma coisa, não é a mesma recordação, não é também a mesma ideia que elas apreendem. Esplendor de um Ideia curta: escreve-se com a memória curta, logo, com ideias curtas, mesmo que se leia e releia com a longa memória dos longos conceitos. A memória curta compreende o esquecimento como processo; ela não se confunde com o instante, mas com o rizoma coletivo, temporal e nervoso. A memória longa (família, raça, sociedade ou civilização) *[25]* decalca e traduz, mas o que ela traduz continua a agir nela, à distância, a contratempo, "intempestivamente", não instantaneamente.

A árvore ou a raiz inspiram uma triste imagem do pensamento que não para de imitar o múltiplo a partir de uma unidade superior, de centro ou de segmento. Com efeito, se se considera o conjunto galhos-raízes, o tronco desempenha o papel de *segmento oposto* para um dos subconjuntos percorridos de baixo para cima: um tal segmento será um "dipolo de ligação", diferentemente dos "dipolos-unidades" que formam os raios que emana de um único centro.[12] Mas as pró-

---

[12] Cf. Julien Pacotte, *Le Réseau arborescent, schème primordial de la pensée*, Paris, Hermann, 1936. Este livro analisa e desenvolve diversos esquemas da forma de arborescência, que não é apresentada como simples formalismo, mas como "o fundamento real do pensamento formal". Ele leva ao extremo o pensamento clássico. Recolhe todas as formas do "Uno-Dois", teoria do dipolo. O conjunto tronco-raízes-galhos propicia o seguinte esquema:

Mais recentemente, Michel Serres analisou as variedades e sequências de árvores nos domínios científicos os mais diferentes: como a árvore se forma a par-

prias ligações podem proliferar como no sistema radícula, permanecendo no Um-Dois e nas multiplicidades só fingidas. As regenerações, as reproduções, os retornos, as hidras e as medusas não nos fazem também sair disto. Os sistemas arborescentes são sistemas hierárquicos que comportam centros de significância e de subjetivação, autômatos centrais como memórias organizadas. Acontece que os modelos correspondentes são tais que um elemento só recebe suas informações de uma unidade superior e uma atribuição subjetiva de ligações preestabelecidas. Vê-se bem isso nos problemas atuais de informática e de máquinas eletrônicas, que conservam ainda o mais arcaico pensamento, dado que eles conferem o poder a uma memória ou a um órgão central. Num belo artigo, que denuncia a fabricação de imagens das "arborescências de comando" (sistemas centrados ou estruturas hierárquicas), Pierre Rosenstiehl e Jean Petitot observam: "Admitir o primado das estruturas hierárquicas significa privilegiar as estruturas arborescentes. (...) A forma arborescente admite uma explicação topológica. (...) Num sistema hierárquico, um indivíduo admite somente um vizinho ativo, seu superior hierárquico. (...) *[26]* Os canais de transmissão são preestabelecidos: a arborescência preexiste ao indivíduo que nela se integra num lugar preciso" (significância e subjetivação). Os autores assinalam, a esse respeito, que, mesmo quando se acredita atingir uma multiplicidade, pode acontecer que esta multiplicidade seja falsa — o que chamamos tipo radícula — porque sua apresentação ou seu enunciado de aparência não hierárquica não admitem de fato senão uma solução totalmente hierárquica: é o caso do famoso *teorema da amizade* — "se, numa sociedade, dois indivíduos quaisquer têm exatamente um amigo comum, então existe um indivíduo amigo de todos os outros". (Como dizem Rosenstiehl e Petitot, quem é o amigo comum? "o amigo universal desta sociedade de casais, mestre, confessor, médico? outras tantas ideias que são estranhamente distantes dos axiomas de partida", o amigo do gênero humano? ou bem o *filósofo* como aparece no pensamento clássico, mesmo se é a unidade abortada que valha somente por sua própria ausên-

tir de uma "rede" (*La Traduction*, Paris, Minuit, 1974, pp. 27 ss.; *Feux et signaux de brume*, Paris, Grasset, 1975, pp. 35 ss.).

cia ou sua subjetividade, dizendo eu não sei nada, eu não sou nada.) Os autores falam, a esse respeito, de teoremas de ditadura. Este é o princípio das árvores-raízes, ou a saída, a solução das radículas, a estrutura do Prover.[13]

A estes sistemas centrados, os autores opõem sistemas acentrados, redes de autômatos finitos, nos quais a comunicação se faz de um vizinho a um vizinho qualquer, onde as hastes ou canais não preexistem, nos quais os indivíduos são todos intercambiáveis, se definem somente por um *estado* a tal momento, de tal maneira que as operações locais se coordenam e o resultado final global se sincroniza independente de uma instância central. Uma transdução de estados intensivos substitui a topologia, e "o grafismo que regula a circulação de informação é de algum modo o oposto do grafismo hierárquico... Não há qualquer razão para que esse grafismo seja uma árvore (chamávamos mapa um tal grafismo). Problema da máquina de guerra, ou do *Firing Squad*: um general é de fato necessário para que *n* indivíduos cheguem ao mesmo tempo ao momento do disparo? A solução sem general aparece para uma multiplicidade acentrada que comporta um número finito de estados e de sinais de velocidade correspondente, do ponto de vista de um rizoma de guerra ou de uma lógica da guerrilha, sem decalque, sem cópia de uma ordem central. Demonstra-se mesmo que uma tal multiplicidade, agenciamento *[27]* ou sociedade maquínicos, rejeita como "intruso a-social" todo autômato centralizador, unificador.[14] N, desde então, será sempre n-1. Rosen-

---

[13] Pierre Rosenstiehl e Jean Petitot, "Automate a-social et systèmes acentrés", *Communications*, nº 22, 1974. Sobre o teorema da amizade, cf. H. S. Wilf, "The Friendship Theorem", em *Combinatorial Mathematics and its Applications*, D. J. A. Welsh (org.), Londres, Academic Press, 1971; e, sobre um teorema de mesmo tipo, dito de indecisão coletiva, cf. Kenneth J. Arrow, *Choix collectif et préférences individuelles*, trad. francesa, Paris, Calmann-Lévy, 1974.

[14] *Ibid.* O caráter principal do sistema acentrado é que as iniciativas locais são coordenadas independentemente de uma instância central, fazendo-se cálculo no conjunto da rede (multiplicidade). "É por isto que o único lugar onde pode ser constituído um fichário possível das pessoas está entre as próprias pessoas, as únicas capazes de serem portadoras de sua descrição e de mantê-la em dia: a sociedade é o único fichário de pessoas. Uma sociedade acentrada natural rejeita como intruso a-social o autômato centralizador" (p. 62). Sobre o "teorema de

stiehl e Petitot insistem no fato de que a oposição centro acentrado vale menos pelas coisas que ela designa do que pelos modos de cálculos que aplica às coisas. Árvores podem corresponder ao rizoma, ou, inversamente, germinar em rizoma. E é verdade geralmente que uma mesma coisa admite os dois modos de cálculos ou os dois tipos de regulação, mas não sem mudar singularmente de estado tanto num caso quanto no outro. Seja, por exemplo, ainda a Psicanálise: não somente em sua teoria, mas em sua prática de cálculo e de tratamento, ela submete o inconsciente a estruturas arborescentes, a grafismos hierárquicos, a memórias recapituladoras, órgãos centrais, falo, árvore-falo. A Psicanálise não pode mudar de método a este respeito: sobre uma concepção ditatorial do inconsciente ela funda seu próprio poder ditatorial. A margem de manobra da Psicanálise é, por isto, muito limitada. Há sempre um general, um chefe, na Psicanálise como em seu objeto (general Freud). Ao contrário, tratando o inconsciente como um sistema acentrado, quer dizer, como uma rede maquínica de autômatos finitos (rizoma), a esquizoanálise atinge um estado inteiramente diferente do inconsciente. As mesmas observações valem em Linguística; Rosenstiehl e Petitot consideram com razão a possibilidade de uma "organização acentrada de uma sociedade de palavras". Para os enunciados como para os desejos, a questão não é nunca reduzir o inconsciente, interpretá-lo ou fazê-lo significar segundo uma árvore. A questão é *produzir inconsciente* e, com ele, novos enunciados, outros desejos: o rizoma é esta produção de inconsciente mesmo.

É curioso como a árvore dominou a realidade ocidental e todo o pensamento ocidental, da botânica à biologia, a anatomia, mas também a gnosiologia, a teologia, a ontologia, toda *[28]* a filosofia...: o fundamento-raiz, *Grund*, *roots* e *fundations*. O Ocidente tem uma relação privilegiada com a floresta e com o desmatamento; os campos

---

Firing Squad", pp. 51-7. Acontece inclusive que generais, em seu sonho de apropriação das técnicas formais de guerrilha, façam apelo a *multiplicidades de* "módulos síncronos", "com base em células leves, numerosas, mas independentes", comportando teoricamente só um mínimo de poder central e de "modulação hierárquica": como, por exemplo, Guy Brossollet, *Essai sur la non-bataille*, Paris, Belin, 1975.

conquistados no lugar da floresta são povoados de plantas de grãos, objeto de uma cultura de linhagens, incidindo sobre a espécie e de tipo arborescente; a criação, por sua vez, desenvolvida em regime de alqueire, seleciona as linhagens que formam uma arborescência animal. O Oriente apresenta uma outra figura: a relação com a estepe e o jardim (em outros casos, o deserto e o oásis) em vez de uma relação com a floresta e o campo: uma cultura de tubérculos que procede por fragmentação do indivíduo; um afastamento, um pôr entre parênteses a criação confinada em espaços fechados ou relegada à estepe dos nômades. Ocidente, agricultura de uma linhagem escolhida com muitos indivíduos variáveis; Oriente, horticultura de um pequeno número de indivíduos remetendo a uma grande gama de "clones". Não existiria no Oriente, notadamente na Oceania, algo como que um modelo rizomático que se opõe sob todos os aspectos ao modelo ocidental da árvore? Haudricourt vê aí uma razão da oposição entre as morais ou filosofias da transcendência, caras ao Ocidente, àquelas da imanência no Oriente: o Deus que semeia e que ceifa, por oposição ao Deus que pica e desenterra (picar contra semear).[15] Transcendência, doença propriamente europeia. E, de resto, não é a mesma música, a terra, não tem aí a mesma música. E também não é a mesma sexualidade: as plantas de grão, mesmo reunindo os dois sexos, submetem a sexualidade ao modelo da reprodução; o rizoma, ao contrário, é uma liberação da sexualidade, não somente em relação à reprodução, mas também em relação à genitalidade. No Ocidente a árvore plantou-se nos corpos; ela endureceu e estratificou até os sexos. Nós perdemos o rizoma ou a erva. Henry Miller: "A China é a erva daninha no canteiro de repolhos da humanidade (...). A erva daninha é a Nêmesis dos esforços humanos. Entre todas as existências imaginárias que nós atribuímos às plantas, aos animais e às estrelas, é talvez a erva daninha

[15] Sobre a agricultura ocidental das plantas de grão e a horticultura oriental dos tubérculos, sobre a oposição semear picar, sobre as diferenças em relação à criação animal, cf. André Haudricourt, "Domestication des animaux, culture des plantes et traitement d'autrui" (*L'Homme*, vol. 2, nº 1, jan.-abr. 1962) e "L'origine des clones et des clans" (*L'Homme*, vol. 4, nº 1, jan.-abr. 1964). O milho e o arroz não são objeções: são cereais "adotados tardiamente pelos cultivadores de tubérculos" e tratados de maneira correspondente; é provável que o arroz "tenha aparecido como erva daninha nos sulcos destinados a outras culturas".

Introdução: Rizoma

aquela que leva a vida mais sábia. É verdade que a erva não produz flores nem porta-aviões, nem Sermões sobre a montanha (...). Mas, afinal de contas, é sempre a erva *[29]* quem diz a última palavra. Finalmente, tudo retorna ao estado de China. É isto que os historiadores chamam comumente de trevas da Idade Média. A única saída é a erva (...). A erva existe exclusivamente entre os grandes espaços não cultivados. Ela preenche os vazios. *Ela cresce entre*, e no meio das outras coisas. A flor é bela, o repolho útil, a papoula enlouquece. Mas a erva é transbordamento, ela é uma lição de moral".[16] — De que China fala Miller, da antiga, da atual, de uma imaginária, ou bem de uma outra ainda que faria parte de um mapa movediço?

É preciso criar um lugar à parte para a América. Claro, ela não está isenta da dominação das árvores e de uma busca das raízes. Vê-se isto até na literatura, na busca de uma identidade nacional, e mesmo de uma ascendência ou genealogia europeias (Kerouac parte em busca de seus ancestrais). O que vale é que tudo o que aconteceu de importante, tudo o que acontece de importante, procede por rizoma americano: beatnik, underground, subterrâneos, bandos e gangues, empuxos laterais sucessivos em conexão imediata com um fora. Diferença entre o livro americano e o livro europeu, inclusive quando o americano se põe na pista das árvores. Diferenças na concepção do livro. *"Folhas de relva"*. E, no interior da América, não são sempre as mesmas direções: à leste se faz a busca arborescente e o retorno ao velho mundo. Mas o oeste rizomático, com seus índios sem ascendência, seu limite sempre fugidio, suas fronteiras movediças e deslocadas. Todo um "mapa" americano, no oeste, onde até as árvores fazem rizoma. A América inverteu as direções: ela colocou seu oriente no oeste, como se terra tivesse devindo redonda precisamente na América; seu oeste é a própria franja do leste.[17] (Não é a Índia, como acre-

[16] Henry Miller, *Hamlet*, Paris, Corrêa, 1956, pp. 48-9.

[17] Cf. Leslie Fiedler, *Le Retour du peau-rouge*, trad. francesa Georges Renard, Paris, Seuil, 1971. Encontra-se neste livro uma bela análise da geografia, de seu papel mitológico e literário na América e da inversão das direções. A leste, a busca de um código propriamente americano, e também de uma recodificação com a Europa (Henry James, Eliot, Pound etc.); a sobrecodificação escravagista no sul, com sua própria ruína e a das plantações na guerra de Secessão (Faulkner, Cald-

ditava *[30]* Haudricourt, o intermediário entre o Ocidente e o Oriente, é a América que faz Pivô e mecanismo de inversão.) A cantora americana Patti Smith canta a bíblia do dentista americano: não procure a raiz, siga o canal...

Não existiriam então duas burocracias e até três (e mais ainda)? A burocracia ocidental: com sua origem agrária, cadastral, as raízes e os campos, as árvores e seu papel de fronteiras, o grande recenseamento de Guilherme, o Conquistador, a feudalidade, a política dos reis da França, assentar o Estado sobre a propriedade, negociar as terras pela guerra, os processos e os casamentos. Os reis da França escolhem o lírio, porque é uma planta com raízes profundas prendendo os talos. Seria a mesma coisa no Oriente? Seguramente, é muito fácil apresentar um Oriente de rizoma e de imanência; mas o Estado não age nele segundo um esquema de arborescência correspondente a classes preestabelecidas, arborificadas e enraizadas: é uma burocracia de canais, por exemplo o famoso poder hidráulico feito de "propriedade fraca", onde o Estado engendra classes canalizantes e canalizadas (cf. o que nunca foi refutado nas teses de Wittfogel). O déspota age aí como rio, e não como uma fonte que seria ainda um ponto, ponto-árvore ou raiz; ele esposa as águas bem mais do que senta-se sob a árvore; e a árvore de Buda devém ela mesma rizoma; o rio de Mao Tsé-Tung e a árvore de Luís. Ainda neste caso a América não teria procedido como intermediária? Porque ela age ao mesmo tempo por extermínios, liquidações internas (não somente os índios, mas os fazendeiros etc.) e por empuxos sucessivos externos de imigrações. O fluxo do capital produz aí um imenso canal, uma quantificação de poder, com uns "quanta" imediatos onde cada um goza à sua maneira na passagem do fluxo-dinheiro (de onde o mito-realidade do pobre que devém milioná-

well); a descodificação capitalista que vem do norte (Dos Passos, Dreiser); mas o papel do oeste, como linha de fuga, onde se conjugam a viagem, a alucinação, a loucura, o índio, a experimentação perceptiva e mental, a mobilidade das fronteiras, o rizoma (Ken Kesey e sua "máquina produtora de enevoante"; a geração beatnik etc.). Cada grande autor americano faz uma cartografia, inclusive por seu estilo; contrariamente ao que acontece na Europa, ele faz um mapa que se conecta diretamente com os movimentos sociais reais que atravessam a América. Por exemplo, a demarcação das direções geográficas em toda a obra de Fitzgerald.

rio para devir novamente pobre): tudo se reúne assim, na América, ao mesmo tempo árvore e canal, raiz e rizoma. Não existe capitalismo universal e, em si, o capitalismo existe no cruzamento de toda sorte de formações, ele é sempre por natureza neocapitalismo, ele inventa para o pior sua face de oriente e sua face de ocidente, além de seu remanejamento dos dois.

Estamos ao mesmo tempo num mau caminho com todas estas distribuições geográficas. Um impasse, tanto melhor. Se se trata de mostrar que os rizomas têm também seu próprio despotismo, sua própria hierarquia, mais duros ainda, muito bem, porque não existe dualismo, não existe dualismo ontológico aqui e ali, não existe dualismo axiológico do bom e do mau, nem mistura ou síntese americana. Existem nós de arborescência nos rizomas, empuxos rizomáticos nas raízes. Bem mais, existem formações despóticas, de imanência e de canalização, *[31]* próprias aos rizomas. Há deformações anárquicas no sistema transcendente das árvores; raízes aéreas e hastes subterrâneas. O que conta é que a árvore-raiz e o rizoma-canal não se opõem como dois modelos: um age como modelo e como decalque transcendentes, mesmo que engendre suas próprias fugas; o outro age como processo imanente que reverte o modelo e esboça um mapa, mesmo que constitua suas próprias hierarquias, e inclusive ele suscite um canal despótico. Não se trata de tal ou qual lugar sobre a terra, nem de tal momento na história, ainda menos de tal ou qual categoria no espírito. Trata-se do modelo que não para de se erigir e de se entranhar, e do processo que não para de se alongar, de romper-se e de retomar. Nem outro nem novo dualismo. Problema de escrita: são absolutamente necessárias expressões anexatas para designar algo exatamente. E de modo algum porque seria necessário passar por isto, nem porque poder-se-ia proceder somente por aproximações: a anexatidão não é de forma alguma uma aproximação; ela é, ao contrário, a passagem exata daquilo que se faz. Invocamos um dualismo para recusar um outro. Servimo-nos de um dualismo de modelos para atingir um processo que se recusa todo modelo. É necessário cada vez corretores cerebrais que desfaçam os dualismos que não quisemos fazer e pelos quais passamos. Chegar à fórmula mágica que buscamos todos: PLURALISMO = MONISMO, passando por todos os dualismos que constituem o inimigo necessário, o móvel que não paramos de deslocar.

Resumamos os principais caracteres de um rizoma: diferentemente das árvores ou de suas raízes, o rizoma conecta um ponto qualquer com outro ponto qualquer e cada um de seus traços não remete necessariamente a traços de mesma natureza; ele põe em jogo regimes de signos muito diferentes, inclusive estados de não signos. O rizoma não se deixa reconduzir nem ao Uno nem ao múltiplo. Ele não é o Uno que devém dois, nem mesmo que deviria diretamente três, quatro ou cinco etc. Ele não é um múltiplo que deriva do Uno, nem ao qual o Uno se acrescentaria (n+1). Ele não é feito de unidades, mas de dimensões, ou antes de direções movediças. Ele não tem começo nem fim, mas sempre um meio pelo qual ele cresce e transborda. Ele constitui multiplicidades lineares a n dimensões, sem sujeito nem objeto, exibíveis num plano de consistência e do qual o Uno é sempre subtraído (n-1). Uma tal multiplicidade não varia suas dimensões sem mudar de natureza nela mesma e se metamorfosear. Oposto a uma estrutura, que se define por um conjunto de pontos e posições, por correlações binárias entre estes pontos e relações biunívocas *[32]* entre estas posições, o rizoma é feito somente de linhas: linhas de segmentaridade, de estratificação, como dimensões, mas também linha de fuga ou de desterritorialização como dimensão máxima segundo a qual, em seguindo-a, a multiplicidade se metamorfoseia, mudando de natureza. Não se deve confundir tais linhas ou lineamentos com linhagens de tipo arborescente, que são somente ligações localizáveis entre pontos e posições. Oposto à árvore, o rizoma não é objeto de reprodução: nem reprodução externa como árvore-imagem, nem reprodução interna como a estrutura-árvore. O rizoma é uma antigenealogia. É uma memória curta ou uma antimemória. O rizoma procede por variação, expansão, conquista, captura, picada. Oposto ao grafismo, ao desenho ou à fotografia, oposto aos decalques, o rizoma se refere a um mapa que deve ser produzido, construído, sempre desmontável, conectável, reversível, modificável, com múltiplas entradas e saídas, com suas linhas de fuga. São os decalques que é preciso referir aos mapas e não o inverso. Contra os sistemas centrados (e mesmo policentrados), de comunicação hierárquica e ligações preestabelecidas, o rizoma é um sistema acentrado não hierárquico e não significante, sem General, sem memória organizadora ou autômato central, unicamente definido por uma circulação de estados. O que está em questão no rizoma é uma relação com a sexualidade, mas também com o animal, com o vegetal, com o mundo, com a política, com o livro, com as coisas da natureza e do artifício, relação totalmente diferente da relação arborescente: todo tipo de "devires".

Um platô está sempre no meio, nem início nem fim. Um rizoma é feito de platôs. Gregory Bateson serve-se da palavra "platô" para designar algo muito especial: uma região contínua de intensidades, vibrando sobre ela mesma, e que se desenvolve evitando toda orientação sobre um ponto culminante ou em direção a uma finalidade exterior. Bateson cita como exemplo a cultura balinesa, onde jogos sexuais mãe-filho, ou bem querelas entre homens, passam por essa estranha estabilização intensiva. "Um tipo de platô contínuo de intensidade substitui o orgasmo", a guerra ou um ponto culminante. É um traço deplorável do espírito ocidental referir as expressões e as ações a fins exteriores ou transcendentes em lugar de considerá-los num plano de imanência segundo seu valor em si.[18] Por exemplo, uma vez que um livro é feito de capítulos, ele possui seus pontos culminantes, seus pontos de conclusão. *[33]* Contrariamente, o que acontece a um livro feito de "platôs" que se comunicam uns com os outros através de microfendas, como num cérebro? Chamamos "platô" toda multiplicidade conectável com outras hastes subterrâneas superficiais de maneira a formar e estender um rizoma. Escrevemos este livro como um rizoma. Compusemo-lo com platôs. Demos a ele uma forma circular, mas isto foi feito para rir. Cada manhã levantávamos e cada um de nós se perguntava que platôs ele ia pegar, escrevendo cinco linhas aqui, dez linhas alhures. Tivemos experiências alucinatórias, vimos linhas, como fileiras de formiguinhas, abandonar um platô para ir a um outro. Fizemos círculos de convergência. Cada platô pode ser lido em qualquer posição e posto em relação com qualquer outro. Para o múltiplo, é necessário um método que o faça efetivamente; nenhuma astúcia tipográfica, nenhuma habilidade lexical, mistura ou criação de palavras, nenhuma audácia sintática podem substituí-lo. Estas, de fato,

---

[18] Gregory Bateson, *Vers une écologie de l'esprit*, t. 1, trad. francesa, Paris, Seuil, 1977, pp. 125-6. Observar-se-á que a palavra "platô" é classicamente empregada no estudo dos bulbos, tubérculos e rizomas: cf. *Dictionnaire de Botanique*, de Henri Baillon, artigo "Bulbo".

mais frequentemente, são apenas procedimentos miméticos destinados a disseminar ou deslocar uma unidade mantida numa outra dimensão para um livro-imagem. Tecnonarcisismo. As criações tipográficas, lexicais ou sintáticas são necessárias somente quando deixam de pertencer à forma de expressão de uma unidade escondida para devirem uma das dimensões da multiplicidade considerada; conhecemos poucas experiências bem-sucedidas neste gênero.[19] No que nos diz respeito não soubemos fazê-lo. Empregamos somente palavras que, por sua vez, funcionavam para nós como platôs. RIZOMÁTICA = ESQUIZOANÁLISE = ESTRATOANÁLISE = PRAGMÁTICA = MICROPOLÍTICA. Estas palavras são conceitos, mas os conceitos são linhas, quer dizer, sistemas de números ligados a esta ou àquela dimensão das multiplicidades (estratos, cadeias moleculares, linhas de fuga ou de ruptura, círculos de convergência, etc.). De forma alguma pretendemos ao título de ciência. Não reconhecemos nem cientificidade nem ideologia, somente agenciamentos. O que existe são os agenciamentos maquínicos de desejo assim como os agenciamentos coletivos de enunciação. Sem significância e sem subjetivação: escrever a n (toda enunciação individuada permanece prisioneira das significações dominantes, todo desejo significante remete a sujeitos dominados). Um agenciamento em sua multiplicidade trabalha forçosamente, ao mesmo tempo, sobre fluxos semióticos, fluxos materiais e fluxos *[34]* sociais (independentemente da retomada que pode ser feita dele num corpus teórico ou científico). Não se tem mais uma tripartição entre um campo de realidade, o mundo, um campo de representação, o livro, e um campo de subjetividade, o autor. Mas um agenciamento põe em conexão certas multiplicidades tomadas em cada uma destas ordens, de tal maneira que um livro não tem sua continuação no livro seguinte, nem seu objeto no mundo nem seu sujeito em um ou em vários autores. Resumindo, parece-nos que a escrita nunca se fará suficientemente em nome de um fora. O fora não tem imagem, nem significação, nem subjetividade. O livro, agenciamento com o fora contra o livro-imagem do mundo.

[19] É o caso de Joëlle de la Casinière, *Absolument nécessaire*, Paris, Minuit, 1973, que é um livro verdadeiramente nômade. Na mesma direção, cf. as pesquisas do Montfaucon Research Center.

Um livro rizoma, e não mais dicotômico, pivotante ou fasciculado. Nunca fazer raiz, nem plantar, se bem que seja difícil não recair nos velhos procedimentos. "As coisas que me vêm ao espírito se apresentam não por sua raiz, mas por um ponto qualquer situado em seu meio. Tentem então retê-las, tentem então reter um pedaço de erva que começa a crescer somente no meio da haste e manter-se ao lado."[20] Por que é tão difícil? É desde logo uma questão de semiótica perceptiva. Não é fácil perceber as coisas pelo meio, e não de cima para baixo, da esquerda para a direita ou inversamente: tentem e verão que tudo muda. Não é fácil ver a erva nas coisas e nas palavras (Nietzsche dizia da mesma maneira que um aforismo devia ser "ruminado", e jamais um platô é separável das vacas que o povoam e que são também as nuvens do céu).

Escreve-se a história, mas ela sempre foi escrita do ponto de vista dos sedentários, e em nome de um aparelho unitário de Estado, pelo menos possível, inclusive quando se falava sobre nômades. O que falta é uma Nomadologia, o contrário de uma história. No entanto, aí também encontram-se raros e grandes sucessos, por exemplo a propósito de cruzadas de crianças: o livro de Marcel Schwob, que multiplica os relatos como outros tantos de platôs de dimensões variáveis. O livro de Andrzejewski, *Les Portes du Paradis*, feito de uma única frase ininterrupta, fluxo de crianças, fluxo de caminhada com pisoteamento, estiramento, precipitação, fluxo semiótico de todas as confissões de crianças que vêm declarar-se ao velho monge no início do cortejo, fluxo de desejo e de sexualidade, cada um tendo partido por amor, e mais ou menos diretamente conduzido pelo negro desejo póstumo e pederástico do conde de Vendôme, com círculos de convergência — o importante não é que os fluxos produzam "Uno ou múltiplo", não estamos mais nessa: há um agenciamento *[35]* coletivo de enunciação, um agenciamento maquínico de desejo, um no outro, e ligados num prodigioso fora que faz multiplicidade de toda maneira. E depois, mais recentemente, o livro de Armand Farrachi sobre a IV cruzada, *La Dislocation*, em que as frases afastam-se e se dispersam ou bem se empurram e coexistem, e as letras, a tipografia se põe a dançar à medida

---

[20] Franz Kafka, *Journal*, trad. francesa, Paris, Grasset, p. 4.

que a cruzada delira.[21] Eis modelos de escrita nômade e rizomática. A escrita esposa uma máquina de guerra e linhas de fuga, abandona os estratos, as segmentaridades, a sedentariedade, o aparelho de Estado. Mas por que é ainda necessário um modelo? O livro não seria ainda uma "imagem" das cruzadas? Não existiria ainda uma unidade salvaguardada, como unidade pivotante no caso de Schwob, como unidade abortada no caso de Farrachi, como unidade do Conde mortuária no caso mais belo das *Portes du Paradis*? Seria necessário um nomadismo mais profundo que aquele das cruzadas, o dos verdadeiros nômades ou ainda o nomadismo daqueles que nem se mexem, e que não imitam nada? Eles agenciam somente. Como encontrará o livro um fora suficiente com a qual ele possa agenciar no heterogêneo, em vez de reproduzir um mundo? Cultural, o livro é forçosamente um decalque: de antemão, decalque dele mesmo, decalque do livro precedente do mesmo autor, decalque de outros livros sejam quais forem as diferenças, decalque interminável de conceitos e de palavras bem situados, reprodução do mundo presente, passado ou por vir. Mas o livro anticultural pode ainda ser atravessado por uma cultura demasiado pesada: dela fará, entretanto, um uso ativo de esquecimento e não de memória, de subdesenvolvimento e não de progresso a ser desenvolvido, de nomadismo e não de sedentarismo, de mapa e não de decalque. RIZOMÁTICA = POP'ANÁLISE, mesmo que o povo tenha outra coisa a fazer do que lê-lo, mesmo que os blocos de cultura universitária ou de pseudocientificidade permaneçam demasiado penosos ou enfadonhos. Porque a ciência seria completamente louca se a deixassem agir; vejam, por exemplo, a matemática: ela não é uma ciência mas uma prodigiosa gíria, e nomádica. Ainda e sobretudo no domínio teórico, qualquer esboço precário e pragmático é melhor do que o decalque de conceitos com seus cortes e seus progressos que nada mudam. A imperceptível ruptura em vez do corte significante. Os nô-

---

[21] Marcel Schwob, *La Croisade des enfants*, 1896; Jerzy Andrzejewski, *Les Portes du Paradis*, Paris, Gallimard, 1959; Armand Farrachi, *La Dislocation*, Paris, Stock, 1974. É a propósito do livro de Schwob que Paul Alphandéry dizia que a literatura, em alguns casos, podia renovar a história e lhe impor "verdadeiras direções de pesquisas" (*La Chrétienté et l'idée de croisade*, t. II, Paris, Albin Michel, 1959, p. 116).

Introdução: Rizoma

mades inventaram uma *[36]* máquina de guerra contra o aparelho de Estado. Nunca a história compreendeu o nomadismo, nunca o livro compreendeu o fora. Ao longo de uma grande história, o Estado foi o modelo do livro e do pensamento: o *logos*, o filósofo-rei, a transcendência da Ideia, a interioridade do conceito, a república dos espíritos, o tribunal da razão, os funcionários do pensamento, o homem legislador e sujeito. É pretensão do Estado ser imagem interiorizada de uma ordem do mundo e enraizar o homem. Mas a relação de uma máquina de guerra com o fora não é um outro "modelo", é um agenciamento que faz com que o próprio pensamento devenha nômade, que o livro devenha uma peça para todas as máquinas móveis, uma haste para um rizoma (Kleist e Kafka contra Goethe).

Escrever a n, n-1, escrever por intermédio de *slogans*: faça rizoma e não raiz, nunca plante! Não semeie, pique! Não seja nem uno nem múltiplo, seja multiplicidades! Faça a linha e nunca o ponto! A velocidade transforma o ponto em linha![22] Seja rápido, mesmo parado! Linha de chance, jogo de cintura, linha de fuga. Nunca suscite um General em você! Nunca ideias justas, justo uma ideia (Godard). Tenha ideias curtas. Faça mapas, nunca fotos nem desenhos. Seja a Pantera Cor-de-Rosa e que vossos amores sejam como a vespa e a orquídea, o gato e o babuíno. Diz-se do velho homem rio:

> *He don't plant tatos*
> *Dont't plant cotton*
> *Them that plants them is soon forgotten*
> *But old man river he just keeps rolling along.*

Um rizoma não começa nem conclui, ele se encontra sempre no meio, entre as coisas, inter-ser, *intermezzo*. A árvore é filiação, mas o rizoma é aliança, unicamente aliança. A árvore impõe o verbo "ser", mas o rizoma tem como tecido a conjunção "e... e... e...". Há nesta conjunção força suficiente para sacudir e desenraizar o verbo ser. Para onde vai você? De onde você vem? Aonde quer chegar? São questões

---

[22] Cf. Paul Virilio, "Véhiculaire", em *Nomades et vagabonds*, Paris, 10-18, 1975, p. 43: sobre o surgimento da linearidade e perturbação da percepção pela velocidade.

inúteis. Fazer tábula rasa, partir ou repartir de zero, buscar um começo, ou um fundamento, implicam uma falsa concepção da viagem e do movimento (metódico, pedagógico, iniciático, simbólico...). Kleist, Lenz ou Büchner têm outra maneira de viajar e também de se mover, partir do meio, pelo meio, entrar e sair, não começar nem *[37]* terminar.[23] Mas ainda, é a literatura americana, e já inglesa, que manifestaram este sentido rizomático, souberam mover-se entre as coisas, instaurar uma lógica do E, reverter a ontologia, destituir o fundamento, anular fim e começo. Elas souberam fazer uma pragmática. É que o meio não é uma média; ao contrário, é o lugar onde as coisas adquirem velocidade. *Entre* as coisas não designa uma correlação localizável que vai de uma para outra e reciprocamente, mas uma direção perpendicular, um movimento transversal que as carrega uma *e* outra, riacho sem início nem fim, que rói suas duas margens e adquire velocidade no meio.

Tradução de Aurélio Guerra Neto

[23] Cf. Jean-Cristophe Bailly, *La Légende dispersée*, Paris, 10-18, 1976: a descrição do movimento no romantismo alemão, pp. 18 ss.

2.
1914 — UM SÓ OU VÁRIOS LOBOS?
[38]

[Neurose e psicose — Por uma teoria das multiplicidades — As matilhas — O inconsciente e o molecular]

Campos de rastros ou linha de lobo

Naquele dia o Homem dos Lobos saiu do divã particularmente cansado. Ele sabia que Freud tinha o talento de tangenciar a verdade, passando ao lado, para, depois, preencher o vazio com associações. Ele sabia que Freud não conhecia nada sobre lobos *[39]* nem tampouco sobre ânus. Freud compreendia somente o que era um cachorro e a cauda de um cachorro. Isso não bastava, não bastaria. O Homem dos Lobos sabia que Freud o declararia logo curado, mas que de fato ele não estava, e que ele continuaria a ser tratado eternamente por Ruth, por Lacan, por Leclaire. Ele sabia, enfim, que estava em vias de adquirir um verdadeiro nome próprio, Homem dos Lobos, bem mais adequado que o seu, posto que ele acedia à mais alta singularidade na apreensão instantânea de uma multiplicidade genérica: os lobos — mas que este novo, este verdadeiro nome próprio ia ser desfigurado, mal ortografado, retranscrito em patronímico.

No entanto, Freud, por sua vez, iria logo escrever algumas páginas extraordinárias. Páginas eminentemente práticas, no artigo de 1915 sobre "O inconsciente", concernindo à diferença entre neurose e psicose. Freud diz que um histérico ou um obsessivo são pessoas capazes de comparar globalmente uma meia a uma vagina, uma cicatriz à castração etc. Sem dúvida, é ao mesmo tempo que eles apreendem o objeto como global e como perdido. Mas apreender eroticamente a pele como uma multiplicidade de poros, de pontinhos, de pequenas cicatrizes ou de buraquinhos, apreender eroticamente a meia como uma multiplicidade de malhas, eis o que não viria à cabeça de um neurótico, enquanto que o psicótico é disto capaz: "acreditamos que a multiplicidade das pequenas cavidades impediria o neurótico de utilizá-las como substitutos dos órgãos genitais femininos".[1] Comparar uma meia a uma vagina, ainda passa, isto é feito todos os dias, mas um puro conjunto de malhas a um campo de vaginas, só mesmo sendo louco: é isto que diz Freud. Há nisto uma descoberta clínica muito importante, que faz toda diferença de estilo entre a neurose e a psicose. Por exemplo, quando Salvador Dalí se esforça para reproduzir delírios, ele pode falar longamente sobre o chifre de rinoceronte, mas não abandona nunca um discurso neuropata. No entanto, quando se põe a comparar eriçamento da pele a um campo de minúsculos chi-

---

[1] Sigmund Freud, *Métapsychologie*, trad. francesa, Gallimard, p. 153.

Mil platôs

fres de rinoceronte, sente-se bem que a atmosfera muda e que se entra na loucura. Trata-se ainda de uma comparação? É, antes, uma pura multiplicidade que muda de elementos ou que *devém*. No nível micrológico, as pequenas erupções "devêm" chifres e, os chifres, pequenos pênis.

Tão logo descobria a maior arte do inconsciente, a arte das multiplicidades moleculares, Freud já retornava às unidades molares, e reencontrava seus temas familiares, *o pai, [40] o pênis, a vagina, a* castração... etc. (Na iminência de descobrir um rizoma, Freud retorna sempre às simples raízes.) O procedimento de redução é muito interessante no artigo de 1915: ele diz que o neurótico guia suas comparações ou identificações com base em representações de coisas, enquanto que o psicótico tem somente a representação de palavras (por exemplo a palavra *buraco*). "É a identidade da expressão verbal e não a similitude dos objetos que ditou a escolha do substituto". Assim, quando não existe unidade da coisa, há pelo menos unidade e identidade da palavra. Pode-se observar que as palavras são tomadas aqui num uso *extensivo*, quer dizer, funcionam como nomes comuns que asseguram a unificação de um conjunto que elas subsumem. O nome próprio só vem a ser um caso extremo de nome comum, compreendendo nele mesmo sua multiplicidade já domesticada e relacionando-a a um ser ou objeto posto como único. O que é comprometido, tanto do lado das palavras quanto das coisas, é a relação do nome próprio como *intensidade* com a multiplicidade que ele apreende instantaneamente. Para Freud, quando a coisa explode e perde sua identidade, ainda a palavra aí está para reconduzi-la à identidade ou para inventar-lhe uma. Freud conta com a palavra para restabelecer uma unidade que já não estava nas coisas. Não se assiste aqui ao nascimento de uma aventura ulterior, a do Significante, a instância despótica sorrateira que se põe no lugar dos nomes próprios assignificantes e que também substitui as multiplicidades pela morna unidade de um objeto declarado perdido?

Não estamos longe dos lobos, pois o Homem dos Lobos é também aquele que em seu segundo episódio, dito psicótico, observará constantemente as variações ou o trajeto movediço dos buraquinhos ou pequenas cicatrizes na pele de seu nariz. Mas no primeiro episódio, que Freud declara neurótico, o Homem dos Lobos conta que so-

1914 — Um só ou vários lobos?

nhou com seis ou sete lobos em cima de uma árvore e desenhou apenas cinco. Quem ignora efetivamente que os lobos andam em matilha? Ninguém, exceto Freud. O que qualquer criança sabe, Freud não sabe. Freud pergunta com um falso escrúpulo: como explicar que haja cinco, seis ou sete lobos no sonho? Posto que ele decidiu tratar-se de neurose, Freud emprega então outro procedimento de redução: não mais subjunção verbal no nível da representação de palavra, mas associação livre no nível das representações de coisas. O resultado é o mesmo, pois trata-se sempre de retornar à unidade, à identidade da pessoa ou do objeto supostamente perdido. Eis que os lobos deverão purgar-se de sua multiplicidade. A operação é feita pela associação do sonho com o conto *O lobo e os sete cabritinhos* (dos quais somente seis foram comidos). Assiste-se ao júbilo redutor de Freud, vê-se literalmente a multiplicidade sair dos [41] lobos para afetar cabritinhos que não têm estritamente nada a ver com a história. Sete lobos que são apenas cabritinhos; seis lobos, posto que o sétimo cabritinho (o Homem dos Lobos em pessoa) esconde-se no relógio; cinco lobos, posto que talvez tenha sido às cinco horas que ele viu seus pais fazendo amor e que o algarismo romano V está associado à abertura erótica das pernas femininas, três lobos, posto que os pais fizeram amor três vezes; dois lobos, posto que eram os dois pais *more ferarum*, ou mesmo dois cães que a criança, antes, teria visto copularem; depois, um lobo, posto que o lobo é o pai, o que já sabia desde o início; finalmente, zero lobo, posto que ele perdeu sua cauda, não menos castrado do que castrador. Zomba-se de quem? Os lobos não tinham qualquer chance de se salvar, de salvar sua matilha: decidiu-se desde o início que os animais podiam servir apenas para representar um coito entre pais, ou, ao contrário, para serem representados por um tal coito. Manifestamente, Freud ignora tudo sobre a fascinação exercida pelos lobos, do que significa o apelo mudo dos lobos, o apelo por devir-lobo. Lobos observam e fixam a criança que sonha; é tão mais tranquilizador dizer que o sonho produziu uma inversão e que a criança é quem olha cães ou pais fazendo amor. Freud conhece somente o lobo ou o cão edipianizado, o lobo-papai castrado castrador, o cão de casinha, o au--au do psicanalista.

Franny ouve uma emissão sobre lobos. Eu lhe digo: gostarias de ser um lobo? Resposta altiva — é idiota, não se pode ser um lobo, mas sempre oito ou dez lobos, seis ou sete lobos. Não seis ou sete lobos ao mesmo tempo, você, sozinho, mas um lobo entre outros, junto com cinco ou seis outros lobos. O que é importante no devir-lobo é a posição de massa e, primeiramente, a posição do próprio sujeito em relação à matilha, em relação à multiplicidade-lobo, a maneira de ele aí entrar ou não, a distância a que ele se mantém, a maneira que ele tem de ligar-se ou não à multiplicidade. Para atenuar a severidade de sua resposta, Franny conta um sonho: "Há o deserto. Não teria ainda qualquer sentido dizer que eu estou no deserto. É uma visão panorâmica do deserto. Este deserto não é trágico nem desabitado, ele é deserto só por sua cor, ocre, e sua luz quente e sem sombra. Aí dentro uma multidão fervilhante, enxame de abelhas, confusão de jogadores de futebol ou grupo de tuaregues. *Estou na borda desta multidão, na periferia; mas pertenço a ela, a ela estou ligado por uma extremidade de meu corpo, uma mão ou um pé.* Sei que esta periferia é o meu único lugar possível, eu morreria se me deixasse levar ao centro da confusão, mas também, certamente, se eu abandonasse a multidão. Não é fácil conservar minha posição; na verdade é muito difícil mantê-la, porque *[42]* estes seres não param de se mexer, seus movimentos são imprevisíveis e não correspondem a qualquer ritmo. Às vezes eles giram, às vezes vão em direção ao norte, depois, bruscamente, em direção ao leste e nenhum dos indivíduos que compõem a multidão permanece num mesmo lugar em relação aos outros. Consequentemente, encontro-me também permanentemente móvel; tudo isto exige uma grande tensão, mas me dá um sentimento de felicidade violenta, quase vertiginosa". É um excelente sonho esquizofrênico. Estar inteiramente na multidão e ao mesmo tempo completamente fora, muito longe: borda, passeio à Virginia Woolf ("nunca mais direi *sou isto, sou aquilo*").

Problemas de povoamento no inconsciente: tudo o que se passa pelos poros do esquizo, as veias do drogado, formigamentos, fervilhamentos, animações, intensidades, raças e tribos. Seria de Jean Ray, que soube ligar o terror aos fenômenos de micromultiplicidades, este conto no qual a pele branca se eriça em inúmeras erupções e pústulas e cabeças negras anãs passam pelos poros fazendo caretas, abomináveis, que havia necessidade de raspar com uma faca a cada manhã? E também as "alucinações liliputianas", com éter. Um, dois, três esquizos: "Em cada poro da pele brotam-me bebês" — "Oh!, quanto a mim não

1914 — Um só ou vários lobos?

é nos poros, mas nas veias que nascem pequenas barras de ferro" — "Eu não quero que me deem injeções, salvo com álcool canforado. Senão seios me nascem em cada poro". Freud tentou abordar os fenômenos de multidão desde o ponto de vista do inconsciente, mas ele não viu bem, não via que o inconsciente era antes de mais nada uma multidão. Ele estava míope e surdo, confundia multidões com uma pessoa. Os esquizos, ao contrário têm o olho e a orelha agudos. Eles não confundem os rumores e as impulsões da multidão com a voz de papai. Jung, certa vez, sonhou com ossos e crânios. Um osso, um crânio, nunca existem sozinhos. O ossuário é uma multiplicidade. Mas Freud quer que isto signifique a morte de *alguém*. "Jung, surpreso, leva-o a observar que havia vários crânios, não somente um. Mas Freud continuava..."[2]

Uma multiplicidade de poros, de pontos negros, de pequenas cicatrizes ou de malhas, seios, bebês e barras. Uma multiplicidade de abelhas, de jogadores de futebol ou de tuaregues. Uma multiplicidade de lobos, de chacais... Nada disto se deixa reduzir, mas nos remete a um certo estatuto das formações do inconsciente. Tentemos definir os fatores que intervêm aqui: primeiramente, algo que desempenha o papel de corpo pleno — corpo sem órgãos. É o deserto no sonho precedente. É a árvore despojada na qual os lobos estão empoleirados no sonho do Homem dos *[43]* Lobos. É a pele como invólucro ou anel, a meia como superfície reversível. Pode ser uma casa, um cômodo de casa, tantas coisas ainda, qualquer coisa. Ninguém faz amor com amor sem constituir para si, sozinho, com outro ou com outros, um corpo sem órgãos. Um corpo sem órgãos não é um corpo vazio e desprovido de órgãos, mas um corpo sobre o qual o que serve de órgãos (lobos, olhos de lobos, mandíbulas de lobos?) se distribui segundo movimentos de multidões, segundo movimentos brownoides, sob forma de multiplicidades moleculares. O deserto é povoado. Ele se opõe menos aos órgãos do que a uma organização que compõe um organismo com eles. O corpo sem órgãos não é um corpo morto, mas um corpo vivo, e tão vivo e tão fervilhante que ele expulsou o organismo e sua organização. Piolhos saltam na praia do mar. As colônias da

---

[2] E. A. Bennet, *Ce que Jung a vraiment dit*, trad. francesa Monique Salzmann, Paris, Stock, 1968, p. 80.

pele. O corpo pleno sem órgãos é um corpo povoado de multiplicidades. E o problema do inconsciente, seguramente, nada tem a ver com a geração, mas com o povoamento, com a população. Um caso de população mundial sobre o corpo pleno da terra e não de geração familiar orgânica. "Adoro inventar povoações, tribos, as origens de uma raça... Retorno de minhas tribos. Sou, até o dia de hoje, o filho adotivo de quinze tribos, nem mais nem menos. E estas são minhas tribos adotivas, porque eu amo cada uma mais e melhor do que se eu tivesse nascido nelas". Dizem-nos: Mas, afinal de contas, o esquizofrênico tem um pai e uma mãe? Lamentamos dizer que não, que ele não os tem como tal. Ele tem somente um deserto e tribos que nele habitam, um corpo pleno e multiplicidades que nele se ligam.

Disto ocorre, em segundo lugar, a natureza destas multiplicidades e de seus elementos. O RIZOMA. Uma das características essenciais do sonho de multiplicidade é a de que cada elemento não para de variar e modificar sua distância em relação aos outros. No nariz do Homem dos Lobos, os elementos não pararão de dançar, crescer e diminuir, determinados como poros na pele, pequenas cicatrizes nos poros, pequenos sulcos no tecido cicatricial. Ora, essas distâncias variáveis não são quantidades extensivas que se dividiriam uma nas outras, mas são, sobretudo, indivisíveis, "relativamente indivisíveis, isto é, que não se dividem aquém ou além de um certo limiar, não aumentam ou não diminuem *sem que seus elementos mudem de natureza*. Enxame de abelhas, ei-las, confusão de jogadores de futebol com malhas riscadas, ou, então, bando de tuaregues. Ou ainda: o clã dos lobos é duplicado por um enxame de abelhas contra o bando dos Deulhs, sob a ação de Mowgli que corre pela borda (ah sim, Kipling compreendia melhor do que Freud o apelo dos lobos, seu sentido *[44]* libidinal; de resto, no Homem dos Lobos há também uma história de vespas ou borboletas que vêm revezar com os lobos, passando-se dos lobos às vespas). Mas o que quer dizer isto, estas distâncias indivisíveis que se modificam incessantemente e que não se dividem ou não se modificam sem que seus elementos mudem a cada vez de natureza? Não será já o caráter intensivo dos elementos e de suas relações neste gênero de multiplicidade? Exatamente como uma velocidade e uma temperatura: não se compõem de velocidades ou temperaturas, mas envolvem-se noutras ou envolvem outras que marcam cada vez uma mudança

1914 — Um só ou vários lobos?

de natureza. É porque estas multiplicidades não têm o princípio de sua matéria num meio homogêneo, mas em outro lugar, nas forças que agem nelas, nos fenômenos físicos que as ocupam, precisamente na libido que as constituem de dentro e que não as constituem sem se dividir em fluxos variáveis e qualitativamente distintos. Freud mesmo reconhece a multiplicidade das "correntes" libidinais que coexistem no Homem dos Lobos. Espanta-nos mais ainda, por isto, a maneira pela qual ele trata as multiplicidades do inconsciente. Porque, para ele, haverá sempre redução ao Uno: as pequenas cicatrizes, os buraquinhos, serão as subdivisões da grande cicatriz ou do buraco maior chamado castração. Os lobos serão os substitutos de um único e mesmo Pai que se encontra em toda parte, tantas vezes quanto quisermos (como diz Ruth Mack Brunswick, vamos, os lobos, são *todos* os pais e os doutores" mas o Homem dos Lobos pensa: e meu cu, não é um lobo?).

Seria preciso fazer o inverso, seria preciso compreender em intensidade: o Lobo é a matilha, quer dizer, a multiplicidade apreendida como tal em um instante, por sua aproximação e seu distanciamento de zero — distâncias sempre indecomponíveis. O zero é o corpo sem órgãos do Homem dos Lobos. Se o inconsciente não conhece negação é porque nada há de negativo no inconsciente, mas aproximações e distanciamentos indefinidos do ponto zero, o qual não exprime de forma alguma a falta, mas a positividade do corpo pleno como suporte e suposto (porque "um afluxo é necessário para tão somente significar a ausência de intensidade"). Os lobos designam uma intensidade, uma faixa de intensidade, um limiar de intensidade sobre o corpo sem órgãos do Homem dos Lobos. Um dentista dizia ao Homem dos Lobos "seus dentes cairão, por causa de sua mordida, sua mordida é muito forte" — e, ao mesmo tempo suas gengivas cobriam-se de pústulas e de buraquinhos.[3] O maxilar como *[45]* intensidade superior, os dentes como intensidade inferior e as gengivas pustulentas como aproximação de zero. O lobo como apreensão instantânea de uma multiplicidade em tal região não é um representante, um substituto, é um *eu sinto*. Sinto que me transformo em lobo, lobo entre lobos, mar-

---

[3] Ruth Mack Brunswick, "En supplément à l'histoire d'une névrose infantile de Freud", *Revue Française de Psychanalyse*, nº 4, 1936.

geando lobos, e o grito de angústia, o único que Freud ouve: ajude-
-me a não devir lobo (ou, a contrário, a não fracassar neste devir). Não
se trata de representação: não acreditar que se é um lobo, represen-
tar-se como lobo. O lobo, os lobos são intensidades, velocidades, temperaturas, distâncias variáveis indecomponíveis. É um formigamento,
uma inflamação. E quem pode acreditar que a máquina anal nada
tenha a ver com a máquina dos lobos, ou que os dois estejam somente ligados pelo aparelho edipiano, pela figura demasiado humana do
Pai? Porque, enfim, o ânus também exprime uma intensidade, aqui a
aproximação de zero da distância que não se decompõe sem que os
elementos mudem de natureza. *Campo de ânus assim como matilha
de lobos*. E não é pelo ânus que o menino está ligado aos lobos, à
periferia? Descida do maxilar ao ânus. Unir-se aos lobos pelo maxilar e pelo ânus. Um maxilar não é uma mandíbula, não é tão simples,
mas maxilar e lobo formam uma multiplicidade que se modifica no
olho e lobo, ânus e lobo, segundo outras distâncias, conforme outras
velocidades, com outras multiplicidades, nos limites de limiares. Linhas de fuga ou de desterritorialização, devir-lobo, devir-inumano,
intensidades desterritorializadas — é isto a multiplicidade. Devir-lobo,
devir-buraco, é desterritorializar-se segundo linhas distintas emara-
nhadas. Um buraco não é mais negativo do que um lobo. A castração,
a falta, o substituto, que história contada por um idiota demasiado
consciente e que nada compreende a respeito das multiplicidades en-
tendidas como formações do inconsciente. Um lobo, mas também um
buraco, são partículas do inconsciente, apenas partículas, produções
de partículas, trajetos de partículas, consideradas como elementos de
multiplicidades moleculares. Não basta nem mesmo dizer que as partículas intensas e movediças passam por buracos; um buraco é tão
partícula quanto o que por ele passa. Os físicos dizem: os buracos não
são ausências de partículas, mas partículas que andam mais rápido do
que a luz. Ânus voadores, vaginas rápidas, não existe a castração.

Voltemos a esta história de *multiplicidade*, porque foi um momento muito importante quando foi criado tal substantivo, precisamente para escapar da oposição abstrata entre o múltiplo e o uno,
para escapar da dialética, para chegar a pensar o múltiplo em estado
puro, para deixar de fazer dele o fragmento numérico de uma Unidade ou Totalidade perdidas ou, ao contrário, o elemento orgânico *[46]*

1914 — Um só ou vários lobos?

de uma unidade ou totalidade por vir — e, sobretudo, para distinguir tipos de multiplicidade. É assim que se encontra no matemático-físico Riemann a distinção entre multiplicidades discretas e multiplicidades contínuas (sendo que estas últimas encontram o princípio de sua métrica tão somente nas forças que agem sobre elas). Encontra-se depois em Meinong e em Russell a distinção entre multiplicidades de grandeza ou divisibilidade, extensivas, e multiplicidades de distância, mais próximas do intensivo. Ou ainda, em Bergson, encontra-se a distinção entre multiplicidades numéricas ou extensas e multiplicidades qualitativas e de duração. Nós fazemos aproximadamente a mesma coisa, distinguindo multiplicidades arborescentes e multiplicidades rizomáticas. Macro e micromultiplicidades. De um lado, as multiplicidades extensivas, divisíveis e molares; unificáveis, totalizáveis, organizáveis; conscientes ou pré-conscientes — e, de outro, as multiplicidades libidinais inconscientes, moleculares, intensivas, constituídas de partículas que não se dividem sem mudar de natureza, distâncias que não variam sem entrar em outra multiplicidade, que não param de fazer-se e desfazer-se, comunicando, passando umas nas outras no interior de um limiar, ou além ou aquém. Os elementos destas últimas multiplicidades são partículas; suas correlações são distâncias; seus movimentos são brownoides; sua quantidade são intensidades, são diferenças de intensidade.

Existe aí apenas uma base lógica. Elias Canetti distingue dois tipos de multiplicidade que às vezes se opõem e às vezes se penetram: de massa e de matilha. Entre os caracteres de massa, no sentido de Canetti, precisa-se notar a grande quantidade, a divisibilidade e a igualdade dos membros, a concentração, a sociabilidade do conjunto, a unicidade da direção hierárquica, a organização de territorialização, a emissão de signos. Entre os caracteres de matilha, a exiguidade ou a restrição do número, a dispersão, as distâncias variáveis indecomponíveis, as metamorfoses qualitativas, as desigualdades como restos ou ultrapassagens, a impossibilidade de uma totalização ou de uma hierarquização fixas, a variedade browniana das direções, as linhas de desterritorialização, a projeção de partículas.[4] Sem dúvida, não exis-

---

[4] Elias Canetti, *Masse et puissance*, Paris, Gallimard, 1966, pp. 27-9 e 97 ss. Algumas das diferenças indicadas acima são assinaladas por Canetti.

tem mais igualdade e nem menos hierarquia nas matilhas do que nas massas, mas elas não são as mesmas. O chefe de matilha ou de bando arrisca a cada vez, ele deve colocar tudo em jogo a cada vez, enquanto que o chefe de grupo ou de massa consolida e capitaliza aquisições. A matilha, mesmo em seus lugares, [47] constitui-se numa linha de fuga ou de desterritorialização que faz parte dela mesma, linha a que ela dá um elevado valor positivo, ao passo que as massas só integram tais linhas para segmentarizá-las, bloqueá-las, afetá-las com um signo negativo.

Canetti observa que, na matilha, cada um permanece só, estando no entanto com os outros (por exemplo, os lobos-caçadores); cada um efetua sua própria ação ao mesmo tempo em que participa do bando. "Nas constelações cambiantes da matilha, o indivíduo se manterá sempre em sua periferia."

"Ele estará dentro e, logo depois, na borda, na borda e, logo após, dentro. Quando a matilha se põe em círculo ao redor de seu fogo cada um poderá ter vizinhos à direita e à esquerda, mas as costas estão livres, as costas estão expostas à natureza selvagem." Reconhece-se a posição esquizo, estar na periferia, manter-se ligado por uma mão ou um pé... Opor-se-á a isto a posição paranoica do sujeito de massa, com todas as identificações do indivíduo ao grupo, do grupo ao chefe, do chefe ao grupo; estar bem fundido com a massa, aproximar-se do centro, nunca ficar na periferia, salvo prestando serviço sob comando. Por que supor (com Konrad Lorenz, por exemplo) que os bandos e seu tipo de camaradagem representam um estado mais rudimentar, evolutivamente, do que as sociedades de grupo ou de conjugalidade? Não somente existem bandos humanos, como também, entre eles, alguns particularmente refinados: a "mundanidade" distingue-se da "socialidade" porque está mais próxima de uma matilha, e o homem social tem do mundano uma certa imagem invejosa e errônea, porque desconhece as posições e as hierarquias próprias, as relações de força, as ambições e os projetos bastante especiais. As correlações mundanas jamais recobrem as correlações sociais, não coincidem com estas. Inclusive os "maneirismos" (existem em todos os bandos) pertencem às micromultiplicidades e distinguem-se das maneiras ou costumes sociais.

Não se trata, no entanto, de opor os dois tipos de multiplicidades, as máquina molares e moleculares, segundo um dualismo que não

1914 — Um só ou vários lobos?

seria melhor que o do Uno e do múltiplo. Existem unicamente multiplicidades de multiplicidades que formam um mesmo *agenciamento*, que se exercem no mesmo *agenciamento*: as matilhas nas massas e inversamente. As árvores têm linhas rizomáticas, mas o rizoma tem pontos de arborescência. Como não seria necessário um enorme ciclotron para produzir partículas enlouquecidas? Como é que linhas de desterritorialização seriam assinaláveis fora de circuitos de territorialidade? Como supor que o fluir abrupto do minúsculo riacho de uma intensidade nova se faça fora das grandes extensões e em relação com grandes transformações nestas extensões? Quanto esforço para fazer eclodir um novo som? O devir-animal, *[48]* o devir-molecular, o devir-inumano passam por uma extensão molar, uma hiperconcentração humana, ou as prepara. Impossível separar em Kafka a ereção de uma grande máquina burocrática paranoica e a instalação de pequenas máquinas esquizo de um devir-cão, de um devir-coleóptero. Impossível separar, no Homem dos Lobos, o devir-lobo do sonho e a organização religiosa e militar das obsessões. Um militar imita o lobo, um militar imita o cão. Não há duas multiplicidades ou duas máquinas, mas um único e mesmo agenciamento maquínico que produz e distribui o todo, isto é, o conjunto dos enunciados que correspondem ao "complexo". Sobre tudo isto o que é que a Psicanálise tem a nos dizer? Édipo, nada mais do que Édipo, posto que ela não escuta nada nem ninguém. Ela esmaga tudo, massa e matilhas, máquinas molares e moleculares, multiplicidades de todo tipo. Por exemplo, o segundo sonho do Homem dos Lobos, no momento do episódio dito psicótico: numa rua, uma parede, com uma porta fechada e, à esquerda, um armário vazio; o paciente diante do armário e uma mulher grande com uma pequena cicatriz que parece querer contornar a parede; e, atrás da parede, lobos que se empurram contra a porta. Mme. Brunswick, inclusive ela, não consegue enganar-se: por mais que ela se reconheça e identifique com a mulher grande, ela vê bem que os lobos são desta vez Bolcheviques, a massa revolucionária que esvaziou o armário ou confiscou a fortuna do Homem dos Lobos. *Em estado metastável os lobos passaram para o lado de uma grande máquina social*. Mas a Psicanálise não tem nada a dizer sobre todos estes pontos — salvo o que já dizia Freud: tudo isto remete ainda ao papai (vejam, ele era um dos chefes do partido liberal na Rússia, mas isto não tem importância, basta dizer que a revolução "satisfaz o sentimento de culpa do paciente"). Realmente, acreditava-se que a libido, em seus investimentos e seus contra-investimentos, nada tinha a ver com a agitação das massas, os movimentos das matilhas, os signos coletivos e as partículas do desejo.

Não basta então atribuir ao pré-consciente as multiplicidades molares ou as máquinas de massa, reservando para o inconsciente um outro gênero de máquinas ou de multiplicidades, porque o que pertence de todo modo ao inconsciente é o agenciamento dos dois, a maneira pela qual as primeiras condicionam as segundas e pela qual as segundas preparam as primeiras, ou delas escapam, ou a elas voltam: a libido tudo engloba. Estar atento a tudo ao mesmo tempo: à maneira pela qual uma máquina social ou uma massa organizada tem um inconsciente molecular que não marca unicamente sua tendência à decomposição, mas componentes atuais de seu próprio exercício e de sua própria organização; à maneira pela qual um indivíduo tal ou qual, tomado numa massa, *[49]* tem ele mesmo um inconsciente de matilha que não se assemelha necessariamente às matilhas da massa da qual ele faz parte; à maneira pela qual um indivíduo ou uma massa vão viver em seu inconsciente as massas e as matilhas de uma outra massa ou de um outro indivíduo. O que quer dizer amar alguém? É sempre apreendê-lo numa massa, extraí-lo de um grupo, mesmo restrito, do qual ele participa, mesmo que por sua família ou por outra coisa; e depois buscar suas próprias matilhas, as multiplicidades que ele encerra e que são talvez de uma natureza completamente diversa. Ligá-las às minhas, fazê-las penetrar nas minhas e penetrar as suas. Núpcias celestes, multiplicidades de multiplicidades. Não existe amor que não seja um exercício de despersonalização sobre um corpo sem órgãos a ser formado; e é no ponto mais elevado desta despersonalização que alguém pode ser *nomeado*, recebe seu nome ou seu prenome, adquire a discernibilidade mais intensa na apreensão instantânea dos múltiplos que lhe pertencem e aos quais ele pertence. Multiplicidade de sardas sobre um rosto, multiplicidade de jovens rapazes falando na voz de uma mulher, ninhada de meninas na voz de M. de Charlus, horda de lobos na garganta de alguém, multiplicidade de ânus no ânus, a boca ou o olho sobre o qual a gente se inclina. Cada um passa por tantos corpos em cada um. Albertine é lentamente ex-

1914 — Um só ou vários lobos?

traída de um grupo de moças que tem seu número, sua organização, seu código, sua hierarquia; e não somente todo um inconsciente envolve este grupo e esta massa restrita, como Albertine tem suas próprias multiplicidades, que o narrador, tendo-a isolado, descobre sobre seu corpo e em suas mentiras — até o momento no qual o fim do amor a restitui ao indiscernível.

Trata-se, sobretudo, de não acreditar que basta distinguir massa e grupos exteriores dos quais alguém participa ou a que pertence e conjuntos internos que ele envolveria em si. A distinção não é absolutamente a do exterior e do interior, sempre relativos e cambiantes, intervertíveis, mas a dos tipos de multiplicidades que coexistem, se penetram e mudam de lugar — máquinas, maquinismos, motores e elementos que intervêm em dado momento para formar um agenciamento produtor de enunciado: eu te amo (ou outra coisa). Para Kafka ainda, Felice é inseparável de uma certa máquina social e das máquinas parlófonas cuja firma ele representa; como não pertenceria ela a esta organização, aos olhos de Kafka fascinado por comércio e burocracia? Mas, ao mesmo tempo, os dentes de Felice, os grandes dentes carnívoros, fazem-na correr seguindo outras linhas, nas multiplicidades moleculares de um devir-cão, de um devir-chacal... Felice, inseparável ao mesmo tempo do signo das máquinas sociais modernas, que são as suas e as de Kafka (não as *[50]* mesmas), e das partículas, das pequenas máquinas moleculares, de todo o estranho devir, do trajeto que Kafka vai fazer e levá-la a fazer através de seu perverso aparelho de escrita.

Não existe enunciado individual, mas agenciamentos maquínicos produtores de enunciados. Dizemos que o agenciamento é fundamentalmente libidinal e inconsciente. É ele, o inconsciente em pessoa. Por enquanto vemos aí elementos (ou multiplicidades) de vários tipos: máquinas humanas, sociais e técnicas, molares organizadas; máquinas moleculares, com suas partículas de devir-inumano; aparelhos edipianos (*pois sim, claro, existem enunciados edipianos, e muitos*); aparelhos contra-edipianos, de marcha e funcionamento variáveis. Veremos mais tarde. Não podemos nem mesmo mais falar de máquinas distintas, mas somente de tipos, de multiplicidades que se penetram e formam em dado momento um único e mesmo agenciamento maquínico, figura sem rosto da libido. Cada um de nós é envolvido num tal agenciamento, reproduz o enunciado quando acredita falar em seu nome, ou antes fala em seu nome quando produz o enunciado. Como estes enunciados são estranhos, verdadeiros discursos de loucos. Dizíamos Kafka, poderíamos dizer da mesma forma o Homem dos Lobos: uma máquina religiosa militar que Freud assimila à neurose obsessiva — uma máquina anal de matilha ou de devir-lobo, e também vespa ou borboleta que Freud assimila ao caráter histérico — um aparelho edipiano do qual Freud faz o único motor, o motor imóvel a ser encontrado em todo lugar — um aparelho contra-edipiano (o incesto com a irmã, incesto-esquizo, ou bem o encontro amoroso com as "pessoas de condição inferior", ou bem a analidade, a homossexualidade?), todas estas coisas nas quais Freud vê só substitutos, regressões e derivados de Édipo. Na verdade, Freud nada vê e nada compreende. Ele não tem qualquer ideia do que seja um agenciamento libidinal com todas as maquinárias postas em jogo, todos os amores múltiplos.

É claro que existem enunciados edipianos. Pode-se ler assim, por exemplo, o conto de Kafka, "Chacais e árabes": é sempre possível, nada se arrisca, a coisa funciona sempre, mesmo que nada se compreenda. Os árabes são claramente referidos ao pai, os chacais à mãe: entre os dois, toda uma história de castração, representada pelas tesouras enferrujadas. Mas acontece que os árabes são uma massa organizada, armada, extensiva, espalhada em todo o deserto; e os chacais são uma matilha intensa que não para de entranhar-se no deserto, seguindo linhas de fuga ou desterritorialização ("são loucos, verdadeiros loucos"); entre os dois, na borda, o Homem do Norte, o Homem dos Chacais. E as grandes tesouras? Não se teria aqui o signo árabe, que guia ou libera as partículas-chacal, tanto para acelerar sua corrida [51] louca, destacando-as da massa, quanto para reconduzi-las a esta massa, domá-las e chicoteá-las, fazê-las dar voltas? Aparelho edipiano da comida, o camelo morto; aparelho contra-edipiano da carniça: matar os animais para comer, ou comer para limpar as carniças. Os chacais colocam bem o problema: não é um problema de castração, mas de "limpeza", a prova do deserto-desejo. Quem ganhará, a territorialidade de massa ou a desterritorialização de matilha, a libido banhando todo o deserto como corpo sem órgãos onde se passa o drama?

Não existe enunciado individual, nunca há. Todo enunciado é o produto de um agenciamento maquínico, quer dizer, de agentes co-

1914 — Um só ou vários lobos?

letivos de enunciação (por "agentes coletivos" não se deve entender povos ou sociedades, mas multiplicidades). Ora, o nome próprio não designa um indivíduo: ao contrário, quando o indivíduo se abre às multiplicidades que o atravessam de lado a lado, ao fim do mais severo exercício de despersonalização, é que ele adquire seu verdadeiro nome próprio. O nome próprio é a apreensão instantânea de uma multiplicidade. O nome próprio é o sujeito de um puro infinitivo compreendido como tal num campo de intensidade. O que Proust diz do prenome: pronunciando Gilberte, eu tinha a impressão de tê-la nua inteira em minha boca. O Homem dos Lobos, verdadeiro nome próprio, íntimo prenome que remete aos devires, infinitivos, intensidades de um indivíduo despersonalizado e multiplicado. Mas o que a Psicanálise compreende da multiplicação? A hora do deserto, na qual o dromedário devém mil dromedários gargalhando no céu. A hora da tarde na qual mil buracos se abrem na superfície da terra. Castração, castração, grita o espantalho psicanalítico que nunca viu senão um buraco, um pai, um cão, lá onde existem lobos; que só viu um indivíduo domesticado lá onde existem multiplicidades selvagens. Não se reprova a Psicanálise só por ter selecionado enunciados edipianos, pois estes enunciados, numa certa medida, ainda fazem parte de um agenciamento maquínico em relação ao qual eles poderiam servir de índices a corrigir, como num cálculo de erros. Reprova-se a Psicanálise por ter se servido da enunciação edipiana para levar o paciente a acreditar que ele ia produzir enunciados pessoais, individuais, que ele ia finalmente falar em seu nome. Ora, tudo é uma armadilha desde o início: nunca o Homem dos Lobos poderá falar. Ele pode falar o que quiser dos lobos, gritar como um lobo, Freud nem escuta, olha seu cão e responde "é papai". Enquanto isto dura, Freud diz que se trata de neurose, quando a coisa quebra, é psicose. O Homem dos Lobos receberá a medalha psicanalítica por serviços prestados à causa, e até pensão alimentícia como as que se dá aos antigos combatentes mutilados. Não teria podido falar em seu nome a não ser que [52] se houvesse posto às claras o agenciamento maquínico que produzia nele tais ou tais enunciados. Mas não se trata disto em Psicanálise: no mesmo momento em que se persuade o sujeito de que ele vai proferir seus enunciados mais individuais, retira-se-lhe toda condição de enunciação. Calar as pessoas, impedi-las de falar, e, sobretudo, quando elas falam, fazer de conta que não disseram nada: famosa neutralidade psicanalítica. O Homem dos Lobos continua a gritar: seis ou sete lobos! Freud responde: o quê? Cabritinhos? Como é interessante, eu retiro os cabritos, sobra um lobo, é pois teu pai... Eis por que o Homem dos Lobos sente-se tão cansado: ele permanece deitado com todos os seus lobos na garganta e todos os buraquinhos sobre seu nariz, todos estes valores libidinais sobre seu corpo sem órgãos. A guerra vai chegar, os lobos devirão bolcheviques, o Homem permanece sufocado por tudo o que ele tinha a dizer. Anunciarão somente que ele voltou a ser bem-educado, polido, resignado, "honesto e escrupuloso"; numa palavra, curado. Ele se vinga, lembrando que a Psicanálise carece de uma visão verdadeiramente zoológica: "Nada pode ter mais valor para um jovem do que o amor pela natureza e a compreensão da ciências naturais, em particular da Zoologia".[5]

Tradução de Aurélio Guerra Neto

[5] Carta citada por Roland Jaccard, *L'Homme aux loups*, Paris, Éditions Universitaires, 1973, p. 113.

3.
10.000 a.C. — A GEOLOGIA DA MORAL
(QUEM A TERRA PENSA QUE É?)
[53]

[Os estratos — A dupla articulação (segmentaridade) — O que faz a unidade de um estrato — Os meios — Diversidade de um estrato: formas e substâncias, epistratos e paraestratos — O conteúdo e a expressão — A diversidade dos estratos — Molar e molecular — Máquina abstrata e agenciamento: seus estados comparados — Metaestratos]

Dupla articulação

O professor Challenger, aquele que fez a Terra berrar como uma máquina dolorífera, nas condições descritas por Conan Doyle,* depois de misturar vários manuais de geologia e biologia, segundo seu humor simiesco, fez conferência. Explicou que a Terra — a Desterritorializada, a Glaciária, a Molécula gigante — era um corpo sem órgãos. Esse corpo sem órgãos era atravessado por *[54]* matérias instáveis não formadas, fluxos em todos os sentidos, intensidades livres ou singularidades nômades, partículas loucas ou transitórias. Mas, no momento, essa ainda não era a questão. Pois, ao mesmo tempo, produzia-se na terra um fenômeno muito importante, inevitável, benéfico sob certos aspectos, lamentável sob muitos outros: a estratificação. Os estratos eram Camadas, Cintas. Consistiam em formar matérias, aprisionar intensidades ou fixar singularidades em sistemas de ressonância e redundância, constituir moléculas maiores ou menores no corpo da terra e incluir essas moléculas em conjuntos molares. Os estratos eram capturas; eram como "buracos negros" ou oclusões que se esforçavam para reter tudo o que passasse ao seu alcance.[1] Operavam por codificação e territorialização na terra, procediam simultaneamente por código e territorialidade. Os estratos eram juízos de Deus, a estratificação geral era todo o sistema do juízo de Deus (mas a terra, ou o corpo sem órgãos, não parava de se esquivar ao juízo, de fugir e se desestratificar, se descodificar, se desterritorializar).

Challenger citava uma frase que afirmava ter encontrado num manual de geologia; era preciso decorá-la, pois só poderia compreendê-la mais tarde: "Uma superfície de estratificação é um plano de consistência mais compacto entre duas camadas". As camadas eram os próprios estratos. Grupavam-se, no mínimo, aos pares, uma servindo de *subestrato* à outra. A superfície de estratificação era um agen-

---

* O professor Challenger é um personagem criado por Arthur Conan Doyle que aparece em várias de suas obras de ficção científica, como o livro *The Lost World* (1912) e o conto "When the World Screamed" (1928). (N. da T.)

[1] Roland Omnès, *L'Univers et ses métamorphoses*, Paris, Hermann, 1973, p. 164: "Uma estrela que caiu abaixo do raio crítico constitui o que se chama um buraco negro (astro ocluso). Esta expressão significa que o que se enviar para semelhante objeto de lá não poderá mais sair. Ele é, pois, totalmente negro porque não emite nem reflete qualquer luz".

ciamento maquínico que não se confundia com os estratos. O agenciamento ficava entre duas camadas, entre dois estratos, tendo portanto uma face voltada para os estratos (nesse sentido era um *interestrato*), mas também uma face voltada para outro lugar, para o corpo sem órgãos ou plano de consistência (era um *metaestrato*). Na verdade, o próprio corpo sem órgãos formava o plano de consistência, que devinha compacto ou mais espesso no nível dos estratos.

Deus é uma Lagosta ou uma dupla-pinça, um *double-bind*. Os estratos não se limitam a grupar-se, no mínimo, aos pares; de uma outra maneira, cada estrato em si é duplo (terá, ele próprio, várias camadas). Cada um apresenta, com efeito, fenômenos constitutivos de dupla articulação. Articulem duas vezes, B-A, BA. Isso não quer absolutamente dizer que os estratos falem ou sejam [55] linguagem. A *dupla articulação* é tão variável que não podemos partir de um modelo geral, mas apenas de um caso relativamente simples. A primeira articulação escolheria ou colheria, nos fluxos-partículas instáveis, unidades moleculares ou quase moleculares metaestáveis (*substâncias*) às quais imporia uma ordem estatística de ligações e sucessões (*formas*). A segunda articulação instauraria estruturas estáveis, compactas e funcionais (*formas*) e constituiria os compostos molares onde essas estruturas se atualizam ao mesmo tempo (*substâncias*). Assim, num estrato geológico, a primeira articulação é a "sedimentação", que empilha unidades de sedimentos cíclicos segundo uma ordem estatística: o *flysch*, com sua sucessão de arenito e xisto. A segunda articulação é o "dobramento", que instaura uma estrutura funcional estável e garante a passagem dos sedimentos a rochas sedimentárias.

Vê-se que as duas articulações não se dividem em uma para as substâncias e outra para as formas. As substâncias não passam de matérias formadas. As formas implicam um código, modos de codificação e descodificação. As substâncias como matérias formadas se referem a territorialidades, a graus de territorialização e desterritorialização. Mas há, justamente, código *e* territorialidade para cada articulação, cada uma comportando, por sua conta, forma e substância. No momento, podia-se apenas dizer que a cada articulação correspondia um tipo de segmentaridade ou de multiplicidade: um maleável, sobretudo molecular e apenas ordenado; outro mais duro, molar e organizado. Na verdade, embora a primeira articulação não deixasse de apre-

10.000 a.C. — A geologia da moral

sentar interações sistemáticas, era sobretudo no nível da segunda que se produziam fenômenos de centramento, unificação, totalização, integração, hierarquização, finalização, que formavam uma sobrecodificação. Cada uma das duas articulações estabelecia relações binárias entre seus próprios segmentos. Mas entre os segmentos de uma e os de outra havia correlações biunívocas segundo leis muito mais complexas. A palavra estrutura podia designar, em geral, o conjunto dessas relações e correlações, mas seria ilusão acreditar que a estrutura fosse a última palavra da terra. Mais que isso, não era certo que as duas articulações se distribuíssem de acordo com a distinção entre molecular e molar.

Passava-se por cima da imensa diversidade dos estratos energéticos, físico-químicos, geológicos. E caía-se nos estratos orgânicos ou na existência de uma grande estratificação orgânica. Ora, o problema do organismo — como "fazer" um [56] organismo no corpo? — era, ainda uma vez, o da articulação, da correlação articular. Os Dogons, que o professor conhecia bem, formulavam assim o problema: um organismo adivinha no corpo do ferreiro sob o efeito de uma máquina ou de um agenciamento maquínico que operava sua estratificação. "No choque, o martelo e a bigorna tinham quebrado suas pernas e seus braços na altura dos cotovelos e dos joelhos, que ele não possuía até então. Recebia assim as articulações características da nova forma humana que se espalharia pela terra e se destinaria ao trabalho. (...) Em função do trabalho, seu braço se dobrou."[2] Mas, evidentemente, reduzir a correlação articular aos ossos não passava de uma maneira de falar. Seria preciso considerar o conjunto do organismo sob o prisma de uma dupla articulação e em níveis muito diferentes. Primeiramente, no nível da morfogênese: por um lado, realidades de tipo molecular com correlações aleatórias são capturadas em fenômenos de multidão ou conjuntos estatísticos que determinam uma ordem (a fibra proteica e sua sequência ou segmentaridade): por outro lado, esses mesmos conjuntos são capturados em estruturas estáveis que "elegem" os compostos estereoscópicos que formam órgãos, funções e regulações, organizam mecanismos molares e até distribuem centros

[2] Marcel Griaule, *Dieu d'eau: entretiens avec Ogotemmêli*, Paris, Fayard, 1975, pp. 38-41.

capazes de sobrevoar as multidões, supervisionar os mecanismos, utilizar e consertar o equipamento, "sobrecodificar" o conjunto (o redobramento da fibra em estrutura compacta e a segunda segmentaridade).[3] Sedimentação e dobramento, fibra e redobramento.

Mas, em outro nível, a química celular que preside a constituição das proteínas também procede por dupla articulação. Esta se faz no interior do molecular, entre pequenas e grandes moléculas, segmentaridade por remanejamentos sucessivos e segmentaridade por polimerização. "Numa primeira fase, os elementos colhidos no meio são combinados através de uma série de transformações. (...) Toda essa atividade aciona várias centenas de reações. Mas, no final das contas, só se chega a uma produção limitada de pequenos compostos, no máximo algumas dezenas. Numa segunda fase da química celular, as pequenas moléculas são reunidas para a produção das grandes. É pela polimerização de unidades ligadas pelas extremidades [57] que se formam as cadeias que caracterizam as macrocélulas. (...) Portanto, as duas fases da química celular diferem, simultaneamente, por sua função, seus produtos, sua natureza. A primeira modela os motivos químicos, a segunda reúne. A primeira forma compostos que só têm existência temporária, pois constituem intermediários em processo de biossíntese; a segunda edifica produtos estáveis. A primeira opera por uma série de reações distintas; a segunda, por repetição da mesma."[4] — E ainda, num terceiro nível, do qual depende a própria química celular, o código genético, por sua vez, não se dissocia de uma dupla segmentaridade ou dupla articulação. Esta se faz agora entre dois tipos de moléculas independentes: por um lado, a sequência das unidades proteicas; por outro, a sequência das unidades nucleicas — as unidades de mesmo tipo tendo relações binárias e as unidades de tipo diferente, correlações

[3] Sobre os dois aspectos da morfogênese em geral, cf. Raymond Ruyer, *La Genèse des formes vivantes*, Paris, Flammarion, 1958, pp. 54 ss., e Pierre Vendryès, *Vie et probabilité*, Paris, Albin Michel, 1945. Vendryès analisa precisamente o papel da correlação articular e dos sistemas articulados. Sobre os dois aspectos estruturais da proteína, cf. Jacques Monod, *Le Hasard et la nécessité*, Paris, Seuil, 1970, pp. 105-9.

[4] François Jacob, *La Logique du vivant: une histoire de l'hérédité*, Paris, Gallimard, 1970, pp. 289-90.

10.000 a.C. — A geologia da moral

biunívocas. Há sempre, pois, duas articulações, duas segmentaridades, duas espécies de multiplicidade, cada uma delas instituindo formas e substâncias; mas essas duas articulações não se distribuem de modo constante, mesmo no âmbito de um determinado estrato.

Os ouvintes, meio entediados, apontavam muitas coisas mal compreendidas, muitos contrassensos e mesmo malversações na exposição do professor, apesar das autoridades por ele invocadas como se fossem seus "amigos". Até os Dogons... E o pior ainda estava por vir. O professor se gabava cinicamente de fazer farol à custa dos outros, mas quase sempre dava à luz aleijões, degenerescências, coisas sem pé nem cabeça, quando muito vulgarizações idiotas. O professor, aliás, não era nem geólogo, nem biólogo, nem mesmo linguista, etnólogo ou psicanalista; há muito se tinha esquecido qual era sua especialidade. Na realidade, o professor era duplo, articulado duas vezes. Isso não facilitava as coisas, pois nunca se sabia qual deles estava presente. Ele (?) afirmava ter inventado uma disciplina que chamava de diversos nomes: rizomática, estratoanálise, esquizoanálise, nomadologia, micropolítica, pragmática, ciência das multiplicidades. Mas não se viam claramente nem os objetivos, nem o método, nem a razão de tal disciplina. O jovem professor Alasca, aluno preferido de Challenger, tentou defendê-lo hipocritamente explicando que a passagem de uma articulação a outra num determinado estrato era facilmente verificável, pois se processava sempre por perda de água tanto em genética quanto em geologia, e até em linguística, onde se avaliava a importância do fenômeno "perda de saliva". Challenger sentiu-se ofendido e preferiu citar seu amigo, dizia ele, o geólogo [58] dinamarquês espinosista Hjelmslev, o príncipe sombrio descendente de Hamlet, que também trabalhava com linguagem, mas para, justamente, depreender sua "estratificação". Hjelmslev tinha conseguido elaborar uma grade com as noções de *matéria, conteúdo e expressão, forma e substância.* Esses eram os "strata", dizia Hjelmslev. Ora, essa grade já tinha a vantagem de romper a dualidade forma/conteúdo, pois havia tanto uma forma de conteúdo quanto uma forma de expressão. Os inimigos de Hjelmslev só viam nisso uma maneira de rebatizar as noções desacreditadas de significado e significante, mas a coisa não era bem assim. Independentemente do próprio Hjelmslev, a grade tinha um outro alcance, uma origem linguística (o mesmo se deveria dizer da dupla articulação: se a linguagem tinha uma especificidade — e certamente tinha uma —, esta não consistia nem na dupla articulação nem na grade de Hjelmslev, que eram características gerais de estrato).

Chamava-se *matéria* o plano de consistência ou o Corpo sem Órgãos, quer dizer, o corpo não formado, não organizado, não estratificado ou desestratificado, e tudo o que escorria sobre tal corpo, partículas submoleculares e subatômicas, intensidades puras, singularidades livres pré-físicas e pré-vitais. Chamava-se conteúdo as matérias formadas que deviam, por conseguinte, ser consideradas sob dois pontos de vista: do ponto de vista da substância, enquanto tais matérias eram "escolhidas", e do ponto de vista da forma, enquanto eram escolhidas numa certa ordem (*substância e forma de conteúdo*). Chamaríamos *expressão* as estruturas funcionais que deviam, elas próprias, ser consideradas sob dois pontos de vista: o da organização da sua própria forma, e o da substância, à medida que formavam compostos (forma e substância de expressão). Num estrato havia sempre uma dimensão do exprimível ou da expressão como condição de invariância relativa: por exemplo, as sequências nucleicas eram inseparáveis de uma expressão relativamente invariante pela qual determinavam os compostos, órgãos e funções do organismo.[5] Exprimir é sempre cantar a glória de Deus. Sendo cada estrato um juízo de Deus, não são apenas as plantas e os animais, as orquídeas e as vespas que cantam ou se exprimem, são também os rochedos e até os rios, todas as coisas estratificadas da terra. *Como se vê, então, a primeira articulação se refere ao conteúdo e a segunda, à expressão.* A distinção [59] entre as duas articulações não se faz através das noções de forma e substância, mas sim de conteúdo e expressão, já que a expressão não tem menos substância que o conteúdo nem o conteúdo menos forma que a expressão. Se a dupla articulação coincide às vezes com molecular e molar e às vezes não, é porque o conteúdo e a expressão ora se dividem assim, ora de outro modo. Entre o conteúdo e a expressão nunca há correspondência ou conformidade, mas apenas

---

[5] François Jacob, "Le modèle linguistique en biologie", *Critique*, n° 322, mar. 1974, p. 202: "O material genético tem dois papéis a desempenhar: por uma lado, deve ser reproduzido para ser transmitido à geração seguinte; por outro, deve ser expresso para determinar as estruturas e as funções do organismo".

10.000 a.C. — A geologia da moral

isomorfismo com pressuposição recíproca. Entre o conteúdo e a expressão *a distinção é sempre real*, por diversas razões, mas não se pode dizer que os termos preexistam à dupla articulação. É ela que os distribui segundo seu traçado em cada estrato e que constitui sua distinção real. (Entre a forma e a substância, ao contrário, não há distinção real, mas apenas mental ou modal: sendo as substâncias apenas matérias formadas, não se poderiam conceber substâncias sem forma, mesmo que, em certos casos, o inverso fosse possível.)

Mesmo em sua distinção real, o conteúdo e a expressão eram relativos ("primeira" e "segunda" articulações deviam também ser compreendidas de maneira inteiramente relativa). Mesmo em seu poder de invariância, a expressão era uma variável, assim como o conteúdo. Conteúdo e expressão eram as duas variáveis de uma função de estratificação. Não variavam somente de um estrato a outro, mas espalhavam-se um no outro, multiplicavam-se ou se dividiam infindavelmente num mesmo estrato. Na realidade, como toda articulação é dupla, não há uma articulação de conteúdo *e* uma articulação de expressão sem que a articulação de conteúdo seja dupla por sua própria conta e, ao mesmo tempo, constitua uma expressão relativa no conteúdo — e sem que a articulação de expressão seja dupla por sua vez e, ao mesmo tempo, constitua um conteúdo relativo na expressão. É por isso que entre o conteúdo e a expressão, entre a expressão e o conteúdo *há estados intermediários*, níveis, trocas, equilíbrios pelos quais passa um sistema estratificado. Em suma, encontramos formas e substâncias de conteúdo que têm um papel de expressão em relação a outras, e inversamente quanto à expressão. Essas novas distinções não coincidem, por conseguinte, com as das formas e substâncias em cada articulação; mostram, antes, como cada articulação já é ou ainda é dupla. Isso se verifica quanto ao estrato orgânico: as proteínas de conteúdo têm duas formas, uma das quais (a fibra redobrada) assume o papel de expressão funcional com relação à outra. Assim também, quanto aos ácidos nucleicos de expressão, as articulações duplas fazem com que certos elementos formais e substanciais desempenhem um papel de [60] conteúdo em relação a outros: não só a metade da cadeia que se vê reproduzida pela outra devém conteúdo, como também a cadeia reconstituída devém, ela mesma, conteúdo com relação ao "mensageiro". Num estrato há duplas-pinças por toda parte, *double binds*, lagostas por toda parte, em todas as direções, uma multiplicidade de articulações duplas que ora atravessam a expressão, ora o conteúdo. Por todos esses aspectos, não se deveria esquecer a advertência de Hjelmslev: "os próprios termos plano de expressão e plano de conteúdo foram escolhidos de acordo com o uso corrente e são completamente arbitrários. Por sua definição funcional, é impossível afirmar que seja legítimo chamar uma dessas grandezas de *expressão* e a outra de *conteúdo*, e não o contrário: elas só se definem como mutuamente solidárias, e nem uma nem outra podem sê-lo mais precisamente. Tomadas em separado, só podem ser definidas por oposição e de maneira relativa como os functivos de uma mesma função que se opõem um ao outro".[6] Devemos combinar aqui todos os recursos da distinção real, da pressuposição recíproca e do relativismo generalizado.

Primeiramente, íamos perguntar o que variava e o que não variava num determinado estrato. O que constituía a unidade, a diversidade de um estrato? A matéria, a pura matéria do plano de consistência (ou de inconsistência) está fora dos estratos. Mas, num estrato, os materiais moleculares tomados de empréstimo aos subestratos podem ser os mesmos sem que, por isso, as moléculas também o sejam. Os elementos substanciais podem ser os mesmos sobre todo o estrato sem que as substâncias o sejam. As correlações formais ou as ligações podem ser as mesmas sem que as formas o sejam. *A unidade de composição* do estrato orgânico, em bioquímica, se define no nível dos materiais e da energia, dos elementos substanciais ou dos radicais, das ligações e reações. Mas não são as mesmas moléculas, as mesmas substâncias nem as mesmas formas. — Não seria o caso de se dedicar um canto de glória a Geoffroy Saint-Hilaire? Pois Geoffroy foi capaz de formular, no século XIX, uma grandiosa concepção da estratificação. Ele dizia que a matéria, no sentido de sua máxima divisibilidade, consistia em partículas decrescentes, fluxos ou fluidos elásticos que "se desenrolavam" irradiando-se no espaço. A combustão era o processo dessa fuga ou dessa divisão infinita no plano de consistência. Mas a

[6] Louis Hjelmslev, *Prolégomènes à une théorie du langage*, Paris, Minuit, 1968, p. 85.

10.000 a.C. — A geologia da moral

eletrização é o processo inverso, constitutivo dos estratos, pelo qual as partículas semelhantes [61] se agrupam em átomos e moléculas, as moléculas semelhantes em moléculas maiores e estas em conjuntos molares: "atração de Si para Si", como uma dupla articulação. Assim o estrato orgânico não possuía qualquer matéria vital específica, pois a matéria era a mesma para todos os estratos mas tinha uma unidade específica de composição, um único e mesmo Animal abstrato, uma única e mesma máquina abstrata presa no estrato e apresentava os mesmos materiais moleculares, os mesmos elementos ou componentes anatômicos de órgãos, as mesmas conexões formais. O que não impedia que as formas orgânicas fossem diferentes entre si, não menos que os órgãos ou substâncias compostas, não menos que as moléculas. Pouco importava que Geoffroy tivesse escolhido como unidades substanciais os elementos anatômicos, de preferência aos radicais de proteínas e ácidos nucleicos. Aliás, ele já invocava todo um jogo de moléculas. O importante era o princípio da unidade e da variedade do estrato: isomorfismo das formas sem correspondência, identidade dos elementos ou componentes sem identidade das substâncias compostas.

É nessa altura que intervinha o diálogo, ou melhor, a violenta polêmica com Cuvier. Para reter os derradeiros ouvintes, Challenger imaginava um diálogo de mortos, particularmente epistemológico, à maneira de um teatro de marionetes. Geoffroy conclamava os Monstros, Cuvier dispunha em ordem todos os Fósseis, Baer empunhava frascos de Embriões, Vialleton punha um Cinturão de Tetrápode, Perrier representava a luta dramática da Boca e do Cérebro... etc. *Geoffroy*: A prova do isomorfismo é que sempre se pode passar, por dobragem, de uma forma a outra, por mais diferentes que elas sejam no estrato orgânico. Do Vertebrado ao Cefalópode: aproximem as duas partes da espinha dorsal do Vertebrado, tragam a cabeça dele até os pés, a bacia até a nuca... — *Cuvier* (encolerizado): Não é verdade, não é verdade, o senhor não passará de um Elefante a uma Medusa, eu já tentei. Há eixos, tipos, entroncamentos irredutíveis. Há semelhanças de órgãos e analogias de formas, nada mais. O senhor é um falsário, um metafísico. — *Vialleton* (discípulo de Cuvier e de Baer): E mesmo se a dobragem desse bom resultado, quem poderia suportá-la? Não é por acaso que Geoffroy só considera elementos anatômicos. Nenhum músculo, nem ligamento, nem cintura sobreviveriam. — *Geoffroy*: Eu disse que havia isomorfismo, mas não correspondência. É que se precisa da intervenção de "graus de desenvolvimento ou de perfeição". Os materiais não atingem em qualquer lugar do estrato o grau que lhes permitiria constituir tal ou qual conjunto. Os *[62]* elementos anatômicos podem ser, aqui e ali, detidos ou inibidos por percussão molecular, influência do meio ou pressão dos vizinhos, de modo que não compõem os mesmos órgãos. As correlações ou conexões formais são, então, determinadas a se efetuar em formas e disposições completamente diferentes. Entretanto, é o mesmo Animal abstrato que se realiza em todo o estrato, mas em graus diversos, de maneiras diversas, a cada vez tão perfeito quanto possível em função do que o cerca e do meio (não se trata ainda, evidentemente, de evolução: nem a dobragem, nem os graus implicam descendência ou derivação, mas somente realizações autônomas de um mesmo abstrato). É aqui que Geoffroy invoca os Monstros: os monstros humanos são embriões paralisados em certo grau de desenvolvimento, neles o homem é apenas uma ganga para formas e substâncias não humanas. Sim, o Heteradelfo é um crustáceo. — *Baer* (aliado de Cuvier, contemporâneo de Darwin, mas tão reticente a seu respeito quanto inimigo de Geoffroy): Não é verdade, o senhor não pode confundir graus de desenvolvimento e tipos de formas. Um mesmo tipo possui vários graus, um mesmo grau se encontra em vários tipos. Mas o senhor nunca fará tipos com graus. Um embrião de certo tipo não pode apresentar um outro tipo, só pode, no máximo, ter o mesmo grau que um embrião de outro tipo. — *Vialleton* (discípulo de Baer, investindo mais ainda, ao mesmo tempo contra Darwin e Geoffroy): Além do mais, há coisas que só um embrião pode fazer ou suportar. E pode fazê-las ou suportá-las em virtude de seu tipo, e não porque possa passar de um tipo a outro conforme seus graus de desenvolvimento. Admirem a Tartaruga, cujo pescoço exige o deslizamento de um certo número de protovértebras e o membro anterior, um deslizamento de $180°$ em relação ao de um pássaro. O senhor não poderá jamais tirar conclusões sobre a embriogênese a partir da filogênese; a dobragem não permite passar de um tipo a outro, são os tipos, ao contrário, que comprovam a irredutibilidade das formas de dobramento... (Assim, Vialleton apresenta dois gêneros de argumentos conjugados para a mesma causa, ora dizendo que há coisas que nenhum animal pode fazer em virtude de sua substância, ora que há coisas que só um embrião pode fazer em virtude de sua forma. São dois argumentos muito fortes.)[7]

Não sabemos mais muito bem em que ponto estamos. Há tantas [63] coisas em jogo nessas réplicas. Há tantas distinções que não param de proliferar. Há tantos ajustes de contas, pois a epistemologia não é inocente. Geoffroy sutil e muito delicado, Cuvier sério, especialista rigoroso, e Geoffroy, sempre pronto a mudar de especialidade. Cuvier detesta Geoffroy, não suporta as fórmulas levianas de Geoffroy (é, as Galinhas têm dentes, a Lagosta é só pele e osso etc.). Cuvier é um homem de Poder e de Campo de Batalha, e o dará a perceber a Geoffroy, que, por sua vez, já prefigura o homem das velocidades. Cuvier reflete em termos de espaço euclidiano, ao passo que Geoffroy pensa topologicamente. Invoquemos hoje o dobramento do córtex com todos os seus paradoxos. Os estratos são topológicos, e Geoffroy é um grande artista da dobragem, um artista formidável; por isso já tem o pressentimento de um certo rizoma animal, com comunicações aberrantes, os Monstros, ao passo que Cuvier reage em termos de fotos descontínuas e decalques fósseis. Não sabemos mais muito bem onde estamos, porque as distinções se multiplicaram em todos os sentidos.

Nem chegamos ainda a considerar Darwin, o evolucionismo e o neoevolucionismo. Entretanto, é aí que se produz um fenômeno decisivo: nosso teatro de marionetes devém cada vez mais nebuloso, quer dizer, coletivo e diferencial. Os dois fatores invocados com suas correlações incertas para explicar a diversidade num estrato — os graus de desenvolvimento ou de perfeição e os tipos de formas — sofrem uma profunda transformação. Seguindo uma dupla tendência, os tipos de formas devem ser compreendidos cada vez mais a partir de populações, matilhas e colônias, coletividades ou multiplicidades; e os graus de desenvolvimento devem ser entendidos em termos de velocidades, taxas, coeficientes e relações diferenciais. Duplo aprofunda-

---

[7] Cf. Geoffroy Saint-Hilaire, *Principes de philosophie zoologique*, onde são citados extratos da polêmica com Cuvier; *Notions synthétiques*, onde Geoffroy expõe sua concepção molecular da combustão, da eletrização e da atração. Karl Ernst von Baer, *Über Entwickelungsgeschichte der Thiere*, e "Biographie de Cuvier" (*Annales des Sciences Naturelles*, 9ª série, t. VI, Paris, 1908). Louis Vialleton, *Membres et ceintures des vertébrés tétrapodes*, Paris, Doin, 1924.

mento. É a conquista fundamental do darwinismo, implicando um novo acoplamento indivíduos-meios no estrato.[8] Por um lado, se supomos uma *[64]* população elementar ou mesmo molecular num determinado meio, as formas não preexistem a essa população, são antes resultados estatísticos: a população se distribui melhor no meio, partilhando-o melhor, quando toma formas divergentes, quando sua multiplicidade se divide em multiplicidades diferentes e seus elementos entram em compostos ou em matérias formadas distintas. Nesse sentido, a embriogênese e a filogênese invertem suas relações: não é mais o embrião que dá provas de uma forma absoluta preestabelecida num meio fechado, é a filogênese das populações que dispõe de uma liberdade de formas relativas, nenhuma delas preestabelecida em meio aberto. No caso da embriogênese, "pode-se dizer, com base nos genitores e por antecipação quanto ao término do processo, se é um pombo ou um lobo que está se desenvolvendo... Mas aqui as próprias balizas estão em movimento: só há pontos fixos por comodidade de linguagem. Na escala da evolução universal, qualquer demarcação desse gênero é impossível... A vida na terra se apresenta como uma soma de faunas e floras relativamente independentes com fronteiras por vezes movediças ou permeáveis. As áreas geográficas só podem abrigar aí uma espécie de caos ou, quando muito, harmonias extrínsecas de ordem ecológica, equilíbrios provisórios entre populações".[9]

Por outro lado, ao mesmo tempo e nas mesmas condições, os graus não são de desenvolvimento ou de perfeição preexistente, mas

---

[8] É nessa longa história que se poderia atribuir um lugar à parte, embora não determinante, a Edmond Perrier. Ele tinha retomado o problema da unidade de composição, renovando Geoffroy com a ajuda de Darwin e sobretudo de Lamarck. Efetivamente, toda a obra de Perrier é orientada a partir de dois temas: as colônias ou multiplicidades animais, por um lado; as velocidades que devem dar conta dos graus e das dobragens heterodoxas ("taquigênese"), por outro. Por exemplo: como o cérebro dos vertebrados pode vir no lugar da boca dos Anelídeos, "luta da boca e do cérebro". Cf. *Les Colonies animales et la formation des organismes*, e "L'origine des embranchements du règne animal" (*Scientia*, maio--jun. 1918). Perrier escreveu uma história da *Philosophie zoologique avant Darwin*, com excelentes capítulos sobre Geoffroy e Cuvier.

[9] Georges Canguilhem *et al.*, "Du développement à l'évolution au XIX e siècle", *Thalès*, ano XI, 1960, p. 34.

10.000 a.C. — A geologia da moral

sim equilíbrios relativos e globais: valem em função das vantagens que dão a certos elementos, depois a certa multiplicidade no meio, e em função de tal variação no meio. Nesse sentido, os graus não se medem mais por perfeição crescente, por diferenciação e complicação das partes, mas por essas relações e coeficientes diferenciais tais como pressão de seleção, ação de catalisador, velocidade de propagação, taxa de crescimento, de evolução, de mutação etc.; o progresso relativo pode, então, se dar por simplificação quantitativa e formal, mais do que por complicação, por perda de componentes e de sínteses, mais do que por aquisição (trata-se de velocidade, e a velocidade é um diferencial). É por populações que nos formamos, que tomamos formas; é por perda que progredimos e ganhamos velocidade. As duas conquistas fundamentais do darwinismo encaminham-se no sentido de uma ciência das multiplicidades: a substituição dos tipos pelas populações e as dos graus pela taxas ou relações diferenciais.[10] São conquistas nômades, *[65]* com fronteiras movediças de populações ou variações de multiplicidades, com coeficientes diferenciais ou variações de relações. E a bioquímica atual, todo o "darwinismo molecular", como diz Monod, confirma no nível de um mesmo e único indivíduo global e estatístico, de uma simples amostra, a importância determinante das populações moleculares e das taxas microbiológicas (por exemplo, a inumerável sequência numa cadeia e a variação de um único segmento, ao acaso, nessa sequência).

Challenger assegurava que tinha acabado de fazer uma longa digressão, mas que nada poderia distinguir o digressivo do não digressivo. Tratava-se de tirar várias conclusões a respeito dessa unidade e dessa diversidade num mesmo estrato, ou seja, o estrato orgânico.

Em primeiro lugar, um estrato possuía uma unidade de composição, pelo que podia ser considerado *um* estrato: materiais moleculares, elementos substanciais, correlações ou traços formais. Os materiais não eram a matéria não formada do plano de consistência, já eram estratificados e provinham dos "subestratos". Mas os subestratos não deviam, é claro, ser considerados simples subestratos: sobretudo não tinham uma organização menos complexa ou inferior, e era

---

[10] George Gaylord Simpson, *L'Évolution et sa signification*, trad. francesa, Paris, Payot, 1951.

preciso evitar qualquer evolucionismo cósmico ridículo. Os materiais fornecidos por um subestrato, sem dúvida, eram mais simples que os compostos do estrato, mas o nível de organização ao qual pertenciam no subestrato não era menor que o do próprio estrato. Entre os materiais e os elementos substanciais havia outra organização, mudança de organização, não aumento. Os materiais fornecidos constituíam um *meio exterior* para os elementos e os compostos do estrato considerado; mas não eram exteriores *ao* estrato. Os elementos e os compostos constituíam um interior do estrato, como os materiais, um exterior *do* estrato, mas ambos pertenciam ao estrato, estes enquanto materiais fornecidos e coletados, aqueles enquanto formados com os materiais. Além disso, esse exterior e esse interior eram relativos, só existindo por suas trocas, graças, portanto, ao estrato que os colocava em correlação. Assim, num estrato cristalino, o meio amorfo é exterior ao germe no momento em que o cristal ainda não está constituído; mas o cristal não se constitui sem interiorizar e incorporar massas do material amorfo. Inversamente, a interioridade do germe cristalino deve passar para a exterioridade do sistema onde o meio amorfo pode cristalizar (aptidão para adotar outra organização). A tal ponto que é o germe que vem de fora. Em resumo, o exterior e o interior são ambos interiores ao estrato. A mesma coisa quanto ao orgânico: os materiais fornecidos pelos subestratos são efetivamente um meio exterior constituindo [66] a famosa sopa pré-biótica, enquanto catalisadores fazem o papel de germe para formar elementos e mesmo compostos substanciais interiores. Mas elementos e compostos tanto se apropriam dos materiais quanto se exteriorizam por replicação nas próprias condições da sopa primitiva. Ainda aqui o interior e o exterior entram em relação de troca, sendo ambos interiores ao estrato orgânico. Entre os dois fica o limite, a membrana que regula as trocas e a transformação de organização, as distribuições interiores ao estrato e que nele definem o conjunto das correlações ou traços formais (mesmo que esse limite tenha uma situação e um papel muito variáveis segundo cada estrato: por exemplo, o limite do cristal e a membrana da célula). Pode-se, então, chamar camada central, anel central de um estrato, o seguinte conjunto de unidade de composição: os materiais moleculares exteriores, os elementos substanciais interiores, o limite ou membrana portadora das correlações formais. Há como uma única e mesma

10.000 a.C. — A geologia da moral

máquina abstrata envolvida no estrato e constituindo sua unidade. É o Ecúmeno, por oposição ao Planômeno do plano de consistência.

Mas seria um erro acreditar que essa camada central unitária de estrato fosse isolável ou que se pudesse atingi-la por si mesma e por regressão. Primeiramente, um estrato se estendia necessariamente, e desde o começo, de camada em camada. Já tinha várias camadas. Ia de um centro a uma periferia e a periferia, ao mesmo tempo que reagia sobre o centro, já formava um novo centro para uma nova periferia. Fluxos estavam sempre se irradiando e retrocedendo. Havia empuxo e multiplicação de estados intermediários, estando esse processo compreendido nas condições locais do anel central (diferenças de concentração, variações toleradas inferiores a um limiar de identidade). Estes estados intermediários apresentavam novas figuras de meios ou materiais, mas também de elementos e compostos. Com efeito, eram intermediários entre o meio exterior e o elemento interior, entre os elementos substanciais e seus compostos, entre os compostos e as substâncias e também entre as diferentes substâncias formadas (substâncias de conteúdo e substâncias de expressão). Chamaríamos de *epistratos* a esses intermediários e superposições, esses empuxos, esses níveis. Nos nossos dois exemplos, o estrato cristalino comporta muitos intermediários possíveis entre o meio ou o material exteriores e o germe interior: multiplicidade dos estados de metaestabilidade perfeitamente descontínuos como outros tantos graus hierárquicos. O estrato orgânico é igualmente inseparável de meios ditos interiores que são, de fato, elementos interiores com relação a materiais exteriores, mas também elementos exteriores com relação a *[67]* substâncias interiores.[11] E sabemos que esses meios interiores orgânicos regulam os graus na complexidade e a diferenciação das partes de um organismo. Um estrato tomado em sua unidade de composição só existe, pois, em seus epistratos substanciais, que quebram a sua continuidade, fragmentam-lhe o anel e o graduam. O anel central não existe independentemente de uma periferia que forma um novo centro e reage sobre o primeiro e que se dissemina, por sua vez, em epistratos descontínuos.

[11] Gilbert Simondon, *L'Individu et sa genèse physico-biologique*, Paris, PUF, 1964, pp. 107-14, 259-64: sobre o interior e o exterior no caso do cristal e no do organismo, e também sobre o papel do limite e da membrana.

Além do mais, não se trata apenas disso. Não havia somente essa nova ou segunda relatividade do interior e do exterior, mas também toda uma história no nível da membrana ou do limite. Efetivamente, uma vez que os elementos e compostos se incorporavam, se apropriavam dos materiais, os organismos correspondentes eram forçados a se dirigir a materiais diferentes "mais estrangeiros e menos cômodos" que tomavam de empréstimo ora a massas ainda intactas, ora, ao contrário, a outros organismos. O meio assumia aqui uma terceira figura ainda: não se tratava mais do meio exterior ou interior, mesmo relativo, nem de um meio intermediário, mas sim de um *meio associado ou anexado*. Os meios associados implicavam, primeiramente, fontes de energia distintas dos próprios materiais alimentares. Enquanto tais fontes não fossem conquistadas, só se poderia dizer que o organismo se alimentava, mas não que respirava: ficava, isto sim, em estado de sufocação.[12] A conquista de uma fonte de energia permitia, em contrapartida, uma extensão dos materiais, uma extensão dos materiais transformáveis em elementos compostos. O meio associado se definia, assim, por capturas de fontes de energia (respiração, no sentido mais amplo), pelo discernimento dos materiais, pela captação de sua presença ou ausência (percepção) e pela fabricação ou não dos elementos ou compostos correspondentes (resposta, reação). A esse respeito, o fato de haver tanto percepções moleculares quanto reações pode ser verificado em toda a economia da célula e na propriedade que têm os agentes de regulação de "reconhecer" exclusivamente uma ou duas espécies químicas num meio de exterioridade muito variado. Mas o próprio desenvolvimento dos meios associados ou anexados desemboca nos mundos animais, tais como descritos por Uexküll, com suas características energéticas, perceptivas e ativas. Inesquecível mundo associado do Carrapato definido por sua energia *[68]* gravídica de queda, seu caráter olfativo de percepção de suor, seu caráter ativo de picada: o carrapato sobe no alto de uma planta para se jogar em cima de um mamífero que passa, que ele reconhece pelo suor e pica bem fundo na pele (mundo associado formado por três fatores, e ponto

---

[12] J. H. Rush, *L'Origine de la vie*, trad. francesa, Paris, Payot, p. 158: "Os organismos primitivos viviam, em certo sentido, num estado de sufocação. A vida tinha nascido, mas não tinha começado a respirar".

final). Os próprios caracteres perceptivos e ativos são como uma dupla-pinça, uma dupla articulação.[13]

Ora, dessa vez, os meios associados estão em estreita relação com formas orgânicas. Tal forma não é uma simples estrutura, mas uma estruturação, uma constituição do meio associado. Um meio animal como teia de aranha não é menos "morfogenético" que a forma de organismo. Não se pode, claro, dizer que seja o meio que determine a forma; mas não é por ser mais tortuosa que a relação da forma com o meio seja menos decisiva. Uma vez que a forma depende de um código autônomo, só pode se constituir num meio associado que entrelace de maneira complexa as características energéticas, perceptivas e ativas conforme as exigências do próprio código; e só pode se desenvolver através dos meios intermediários que regulem as velocidades e as taxas de suas substâncias; só pode se comprovar no meio de exterioridade que meça as vantagens comparadas dos meios associados e as relações diferenciais dos meios intermediários. Os meios atuam sempre por seleção em organismos inteiros cujas formas dependem de códigos sancionados indiretamente por esses meios. Os meios associados compartilham um mesmo meio de exterioridade em função das formas diferentes, assim como os meios intermediários o compartilham em função de taxas ou graus para uma mesma forma. Mas essas partilhas não se fazem do mesmo modo. No que diz respeito à cinta central do estrato, os meios ou estados intermediários constituem "epistratos", uns sobre os outros, formando novos centros para novas periferias. Mas chamaríamos "paraestratos" essa outra maneira pela qual a cinta central se fragmentava em lados e ao-lado, em formas irredutíveis e meios que lhes eram associados. Desta vez, é no nível do limite ou da membrana própria à cinta central que as correlações ou traços formais comuns a todo o estrato tomavam necessariamente formas ou tipos de formas completamente diferentes correspondendo aos paraestratos. Um estrato só existia, ele próprio, em seus epistratos e paraestratos, de modo que estes deveriam, por seu turno, ser considerados, em último caso, estratos. A cinta, o anel idealmente contínuo do estrato, o Ecúmeno, [69] definido pela identidade dos mate-

---

[13] Jacob von Uexküll, *Mondes animaux et monde humain*, trad. francesa, Paris, Gonthier, 1965.

riais moleculares, dos elementos substanciais e das correlações formais, só existia enquanto partido, fragmentado em epistratos e paraestratos que implicavam máquinas concretas, com seus respectivos índices, e que constituíam moléculas diferentes, substâncias específicas, formas irredutíveis.[14]

Poderíamos voltar às duas conquistas fundamentais: por que as formas, os tipos de formas nos paraestratos deviam ser compreendidos em relação a populações, por que os graus de desenvolvimento nos epistratos deviam ser compreendidos como taxas, relações diferenciais. É que, primeiramente, os paraestratos envolviam os próprios códigos dos quais dependiam as formas e que diziam, necessariamente, respeito a populações. Já era preciso toda uma população molecular para ser codificada, e os efeitos do código ou de uma mudança no código se avaliavam no nível de uma população mais ou menos molar, em virtude de sua aptidão para se propagar no meio, ou criar para si um novo meio associado no qual a modificação fosse popularizável. É, seria preciso pensar sempre em termos de matilhas e multiplicidades: se um código funcionava ou não, era porque o indivíduo codificado fazia parte de uma população, "a que vive num tubo de ensaio, numa poça d'água ou num intestino de mamífero". Mas o que significaria mudança no interior de um código, variação de paraestrato, de onde provinham eventualmente novas formas e novos meios associados? Pois bem, a própria mudança não decorria, evidentemente, de uma passagem entre formas estabelecidas, quer dizer, de uma tradução de um código para outro. Enquanto o problema era formulado assim, permanecia insolúvel; era, sem dúvida, preciso dizer, com Cuvier e Baer, que os tipos de formas instaladas, pois que irredutíveis, não permitiam qualquer tradução ou transformação. Mas o problema se coloca de modo inteiramente diferente tão logo se perceba que um código é indissociável de um processo de descodificação a ele inerente. Não pode haver genética sem "deriva genética". A teoria moderna das mutações mostrou muito bem como um código, forçosamente de população, comporta uma margem essencial de descodificação:

---

[14] Cf. Pia Laviosa-Zambotti, *Les Origines et la diffusion de la civilisation*, trad. francesa, Paris, Payot, 1949; seu emprego das noções de *estrato*, *subestrato* e *paraestrato* (se bem que ela não defina esta última noção).

10.000 a.C. — A geologia da moral

todo código possui suplementos capazes de variar livremente; mas não é só isso, um mesmo segmento pode ser copiado duas vezes, o segundo devindo livre para a variação. Acontecem também transferências de fragmentos de código entre células oriundas de espécies diferentes, Homem e Rato, Macaco e Gato, por intermédio de *[70]* vírus ou outros procedimentos; nesses casos não ocorre tradução de um código para outro (os vírus não são tradutores), mas, sim, fenômeno singular que nós chamamos mais-valia de código, comunicação ao-lado.[15] Teremos a oportunidade de voltar ao assunto, porque é essencial para todos os devires-animais. Mas suplementos e mais-valias, suplementos na ordem de uma multiplicidade, mais-valias na ordem de um rizoma já fazem com que qualquer código seja afetado por um margem de descodificação. Em vez de permanecer imóveis e paralisadas nos estratos, as formas nos paraestratos e os próprios são enredados num encadeamento maquínico: remetem a populações, as populações implicam códigos, os códigos compreendem fundamentalmente fenômenos relativos de descodificação, ainda mais utilizáveis, componíveis, adicionáveis pelo fato de serem relativos, sempre "ao lado de".

Se as formas remetem a códigos, a processos de codificação e descodificação nos paraestratos, as substâncias, enquanto matérias formadas, remetem a territorialidades, a movimentos de desterritorialização nos epistratos. Em verdade, os epistratos não são mais dissociáveis desses movimentos que os constituem do que os paraestratos daqueles processos. Da camada central à periferia, depois do novo centro à nova periferia, passam ondas nômades ou fluxos de desterritorialização que recaem no antigo centro e se precipitam para o novo.[16] Os epistratos se organizam no sentido de uma desterritorialização cada vez maior. As partículas físicas, as substâncias químicas atravessam, no seu estrato e através dos estratos, limiares de desterritorialização que correspondem a estados intermediários mais ou menos estáveis, valências, existências mais ou menos transitórias, investimentos neste ou naquele corpo, densidades de vizinhança, ligações mais

---

[15] François Jacob, *La Logique du vivant*, cit., pp. 311-2, 332-3, e o que Rémy chama "evolução aparalela".

[16] Cf. Pia Laviosa-Zambotti, *ibid.*: sua concepção das ondas e dos fluxos, do centro à periferia, do nomadismo e migrações (os fluxos nômades).

ou menos localizáveis. Mas não são somente as partículas físicas que se caracterizam por velocidades de desterritorialização *tachyons*, buracos-partículas, *quarks* à Joyce para lembrar a noção fundamental de "sopa" — uma mesma substância química, como o enxofre, o carbono, etc., também apresenta estados mais ou menos desterritorializados. No seu próprio estrato, um organismo é ainda mais desterritorializado por comportar meios interiores que asseguram sua autonomia e o colocam em um conjunto de correlações aleatórias com o exterior. É nesse sentido *[71]* que os graus de desenvolvimento só podem ser compreendidos de maneira relativa e em função de velocidades, relações e taxas diferenciais. Temos que pensar a desterritorialização como uma potência perfeitamente positiva, que possui seus graus e seus limiares (epistratos) e que é sempre relativa, tendo um reverso, uma complementaridade na reterritorialização. Um organismo desterritorializado em relação ao exterior se reterritorializa necessariamente nos meios interiores. Tal fragmento, supostamente de embrião, se desterritorializa mudando de limiar ou de gradiente, mas é de novo afetado no novo meio ambiente. Os movimentos locais são efetivas alterações. Por exemplo, as migrações celulares, os estiramentos, as invaginações, os dobramentos. É que toda viagem é intensiva e se faz em limiares de intensidade nos quais evolui ou, então, que transpõe. É por intensidade que se viaja, e os deslocamentos, as figuras no espaço dependem de limiares intensivos de desterritorialização nômade, por conseguinte, de relações diferenciais que fixam, ao mesmo tempo, as reterritorializações sedentárias e complementares. Cada estrato procede assim: pega nas suas pinças um máximo de intensidades, de partículas intensivas, onde vai estender suas formas e suas substâncias e constituir gradientes, limiares de ressonância determinados (num estrato a desterritorialização se encontra sempre determinada em relação à reterritorialização complementar).[17]

Pelo fato de que se comparavam formas preestabelecidas e graus predeterminados, não só se era limitado à simples constatação de sua irredutibilidade, como também não se tinha qualquer meio de avaliar a possível comunicação entre os dois fatores. O que se vê é que as for-

---

[17] Sobre os fenômenos de ressonância entre ordens de grandeza diferentes, cf. Gilbert Simondon, *ibid.*, pp. 16-20, 124-31 e *passim*.

10.000 a.C. — A geologia da moral

mas dependem de códigos nos paraestratos e se precipitam em processos de descodificação ou de deriva; os próprios graus são enredados em movimentos de desterritorialização e reterritorialização intensivas. Códigos e territorialidades, descodificações e desterritorialização não se correspondem termo a termo: ao contrário, um código pode ser de desterritorialização, uma reterritorialização pode ser de descodificação. Há grandes lacunas entre um código e uma territorialidade. Os dois fatores não deixam por isso de ter o mesmo "sujeito" num estrato: são populações que tanto se territorializam e se desterritorializam quanto se codificam e se descodificam. E esses fatores se comunicam, se entrelaçam nos meios.

Por um lado, as modificações de código têm certamente uma causa aleatória no meio de exterioridade, e são seus efeitos sobre os meios interiores, sua compatibilidade com eles, que decidem *[72]* sua popularização. As desterritorializações e reterritorializações não determinam as modificações, mas determinam estreitamente sua seleção. Por outro lado, toda modificação tem seu meio associado que, por sua vez, provoca tal desterritorialização em relação ao meio de exterioridade, tal reterritorialização em meios interiores ou intermediários. Num meio associado, as percepções e as ações, mesmo no nível molecular, erigem ou produzem *signos territoriais* (indícios). Com muito mais razão, um mundo animal é constituído, demarcado por tais signos que o dividem em zonas (zona de abrigo, zona de caça, zona neutralizada etc.), mobilizam órgãos especiais e correspondem a fragmentos de código, inclusive à margem de descodificação inerente ao código. Mesmo a dimensão do adquirido é reservada pelo código ou prescrita por ele. Mas os indícios ou signos territoriais são inseparáveis de um duplo movimento. Sendo o meio associado sempre confrontado com um meio de exterioridade onde o animal se engaja e, necessariamente, se arrisca, uma *linha de fuga* deve ser preservada para permitir ao animal voltar para seu meio associado quando aparecer o perigo (como a linha de fuga do touro na arena, graças à qual ele pode retornar ao território que escolheu para si).[18] Depois, uma segunda linha de fuga

---

[18] Claude Popelin, *Le Taureau et son combat*, Paris, 10-18, 1966: o problema dos territórios do homem e do touro na arena, no cap. IV.

aparece quando o meio se acha transtornado sob os impactos do exterior, e o animal deve abandoná-lo para associar a si novas porções de exterioridade, apoiando-se, desta vez, nos meios interiores como frágeis muletas. Com a secagem do mar, o Peixe primitivo deixa seu meio associado para explorar a terra, forçado a "transportar a si mesmo", e só carregando água no interior de suas membranas amnióticas para proteção do embrião. De uma maneira ou de outra, o animal é mais aquele que foge do que aquele que ataca, mas suas fugas são igualmente conquistas, criações. As territorialidades são, pois, atravessadas, de um lado a outro, por linhas de fuga que dão prova da presença, nelas, de movimentos de desterritorialização e reterritorialização. De certo modo, elas vêm em segundo lugar. Elas próprias nada seriam sem esses movimentos que as depositam. Em suma, no Ecúmeno ou unidade de composição de um estrato, os epistratos e os paraestratos não param de se mexer, deslizar, se deslocar, mudar, uns levados por linhas de fuga e movimentos de desterritorialização, outros por processos de descodificação ou deriva, uns com os outros se comunicando no cruzamento dos meios. Os estratos estão sempre sendo *[73]* sacudidos por fenômenos de quebra ou ruptura, seja no nível dos subestratos que fornecem materiais, seja no nível das "sopas" que cada estrato comporta (sopa pré-biótica, sopa pré-química...), seja no nível dos epistratos que se acumulam, seja no nível dos paraestratos que se ladeiam: por toda parte surgem acelerações e bloqueios simultâneos, velocidades comparadas, diferenças de desterritorialização que criam campos relativos de reterritorialização.

Não se deveria, certamente, confundir esses movimentos relativos com a possibilidade de uma desterritorialização absoluta, uma linha de fuga absoluta, uma deriva absoluta. Os primeiros eram estráticos ou interestráticos, enquanto que estas se referiam ao plano de consistência e sua desestratificação (sua "combustão", como dizia Geoffroy). Não há dúvida de que, em sua precipitação, as partículas físicas loucas percutiam os estratos, atravessando-os quase sem deixar vestígio, escapavam às coordenadas espaçotemporais e até existenciais para tender a um estado de desterritorialização absoluta, ou de matéria não formada, no plano de consistência. De certo modo, a aceleração das desterritorializações relativas atingia uma barreira do som: se as partículas ricocheteavam nessa barreira ou se deixavam

10.000 a.C. — A geologia da moral

reabsorver pelos buracos negros, recaíam nos estratos, nas suas correlações e seus meios; mas, se transpunham a barreira, atingiam o elemento não formado, desestratificado, do plano de consistência. *Poderíamos mesmo dizer que as máquinas abstratas que emitiam e combinavam partículas tinham como que dois modos de existência muito diferentes: o ecúmeno e o planômeno.* Ora ficavam prisioneiras das estratificações, envolvidas em tal ou qual estrato determinado, cujo programa ou unidade de composição (o Animal abstrato, o Corpo químico abstrato, a Energia em si) definiam e onde regulavam os movimentos de desterritorialização relativa. Ora, ao contrário, a máquina abstrata atravessava todas as estratificações, desenvolvia-se por si só no plano de consistência, cujo diagrama constituía, a mesma máquina trabalhando igualmente o astrofísico e o microfísico, o natural e o artificial, e pilotando fluxos de desterritorialização absoluta (a matéria não formada não era de modo algum um caos qualquer, é claro). Mas essa apresentação ainda era simples demais.

Por um lado, não se passava do relativo ao absoluto por simples aceleração, se bem que o aumento das velocidades tendesse para esse resultado global e comparado. Uma desterritorialização absoluta não se definia por um acelerador gigante; era absoluta ou não, independentemente do fato de ser mais ou menos rápida *[74]* ou lenta. Podia-se até atingir o absoluto por fenômenos de lentidão ou atraso relativos. Por exemplo, atrasos de desenvolvimento. O que deveria qualificar a desterritorialização não era sua velocidade (havia as muito lentas), mas sua natureza, uma vez que constituía epistratos e paraestratos e procedia por segmentos articulados, ou, muito pelo contrário, à medida que saltava de uma singularidade a outra, segundo uma linha não segmentária indecomponível que traçava um metaestrato de plano de consistência. Por outro lado, não se deveria sobretudo acreditar que a desterritorialização absoluta sobreviesse de repente, a mais, depois de ou além de. Nessas condições, não se poderia compreender por que os próprios estratos eram animados por movimentos de desterritorialização e descodificação relativas que não aconteciam aí como acidentes. Na realidade, o que acontecia primeiramente era uma desterritorialização absoluta, uma linha de fuga absoluta, por mais complexa e múltipla que fosse, aquela do plano de consistência ou do corpo sem órgãos (a Terra, a absolutamente-desterritorializada). E ela só devinha relativa por estratificação nesse plano, nesse corpo: os estratos eram sempre resíduos, não o inverso — não deveríamos nos perguntar como alguma coisa saía dos estratos, mas antes como as coisas aí entravam. De modo que havia continuamente imanência da desterritorialização absoluta na relativa; e os agenciamentos maquínicos entre estratos, que regulavam as relações diferenciais e os movimentos relativos, tinham também picos de desterritorialização voltados para o absoluto. Sempre imanência dos estratos e do plano de consistência, ou coexistência dos dois estados da máquina abstrata como a de dois estados diferentes de intensidades.

A maior parte dos ouvintes tinha ido embora (primeiro os martinetistas* da dupla articulação, depois os hjelmslevianos do conteúdo e da expressão, e os biólogos entendidos em proteínas e ácidos nucleicos). Só restavam matemáticos porque estavam acostumados a outras loucuras, alguns astrólogos e arqueólogos, e pessoas esparsas. Aliás, Challenger tinha mudado desde o começo, sua voz estava mais rouca, e era por vezes entrecortada por uma tosse de macaco. Seu sonho não era tanto fazer uma conferência para humanos, mas sim propor um programa para puros computadores. Ou então era uma axiomática, pois dizia principalmente respeito à estratificação. Challenger só se dirigia à memória. Já que tínhamos acabado de falar sobre o que permanecia constante e o que variava num estrato, do ponto de vista das substâncias e das formas, faltava nos perguntar o que variava de um estrato a outro, adotando o ponto de vista [75] do conteúdo e da expressão. Pois, se é verdade que sempre há uma distinção real constitutiva da dupla articulação, uma pressuposição recíproca entre o conteúdo e a expressão — o que varia de um estrato a outro é a natureza dessa distinção real e a natureza e a respectiva posição dos termos distinguidos. Consideremos desde já um primeiro grande grupo de estratos: podemos caracterizá-los dizendo sumariamente que nesse grupo o conteúdo (forma e substância) é molecular e a expressão (forma e substância) é molar. Entre ambos, a diferença é primeiramente de ordem de grandeza ou de escala. A dupla articulação implica aqui

---

* Seguidores do linguista francês André Martinet (1908-1999). (N. da T.)

duas ordens de grandeza. É a ressonância, a comunicação que sobrevém entre duas ordens independentes, que instaura o sistema estratificado cujo conteúdo molecular tem, ele próprio, uma forma que corresponde à distribuição das massas elementares e à ação de molécula a molécula, do mesmo modo que a expressão tem uma forma que manifesta, por sua conta, o conjunto estatístico e o estado de equilíbrio no nível macroscópico. A expressão é como uma "operação de estruturação amplificante que faz passar para o nível macrofísico as propriedades ativas da descontinuidade primitivamente microfísica".

Tínhamos partido de um caso desses quanto ao estrato geológico, o estrato cristalino, os estratos físico-químicos, em toda parte em que se pode sempre dizer que o molar exprime as interações moleculares microscópicas ("o cristal é a expressão macroscópica", "a forma dos cristais expressa certos caracteres moleculares ou atômicos da espécie química constituinte"). Sem dúvida, as próprias possibilidades eram muito variadas a esse respeito, conforme o número e a natureza de estados intermediários, conforme também a intervenção de forças exteriores para a formação da expressão. Podia haver mais ou menos estados intermediários entre o molecular e o molar; podia haver mais ou menos forças exteriores ou centros organizadores interferindo na forma molar. E, evidentemente, esses dois fatores estavam em razão inversa, indicando dois casos-limites. Por exemplo, a forma de expressão molar podia ser do tipo "molde", mobilizando um máximo de forças exteriores; ou, ao contrário, do tipo "modulação", acionando apenas um número mínimo. Havia, entretanto, mesmo no caso do molde, estados intermediários interiores quase instantâneos entre o conteúdo molecular, que tomava suas formas específicas, e a expressão molar determinada de fora pela forma do molde. Inversamente, quando a multiplicação e a temporalização dos estados intermediários comprovavam o caráter endógeno da forma molar, como para os cristais, nem por isso deixava de haver um mínimo de forças exteriores [76] intervindo em cada uma dessas etapas.[19] Deveríamos, portanto,

---

[19] Sobre as ordens de grandeza e a instauração de sua ressonância, sobre as ações do tipo "molde", "modulação" e "modelagem", sobre as forças exteriores e os estratos intermediários, cf. Gilbert Simondon.

dizer que a independência relativa do conteúdo e da expressão, a distinção real entre o conteúdo molecular com suas formas e a expressão molar com as suas tinha um estatuto especial dotado de uma certa latitude entre os casos-limites.

Como os estratos eram juízos de Deus, não seria preciso hesitar em pedir de empréstimo todas as sutilezas da escolástica e da teologia da Idade Média. Entre o conteúdo e a expressão havia, de fato, uma distinção real, pois as formas correspondentes eram atualmente distintas na "coisa" mesma e não apenas no espírito de um observador. Mas essa distinção real era muito particular, somente *formal*, já que as duas formas compunham ou conformavam uma única e mesma coisa, um único e mesmo sujeito estratificado. Daríamos vários exemplos de distinção formal: entre escalas ou ordens de grandeza (como entre um mapa e seu modelo; ou então, de outro modo, entre níveis microfísico e macrofísico, como na parábola dos dois gabinetes de Eddington), entre diversos estados ou razões formais pelos quais passa uma mesma coisa — entre a coisa tomada sob uma forma e na relação de causalidade eventualmente exterior que lhe confere uma outra forma... etc. (Havia ainda mais formas distintas não só pelo fato de o conteúdo e a expressão terem cada qual a sua, pois os estados intermediários também introduziam formas de expressão próprias ao conteúdo e formas de conteúdo próprias à expressão.)

Por mais variadas e reais que sejam as distinções formais, é a natureza da distinção que muda com o estrato orgânico e, por aí, toda a distribuição do conteúdo e da expressão nesse estrato. Entretanto, este conserva e até amplifica a relação do molecular e do molar com estados intermediários de toda espécie. Vimos isso quanto à morfogênese, onde a dupla articulação permanece indissociável da comunicação de duas ordens de grandeza. A mesma coisa quanto à química celular. Mas há um caráter original do estrato orgânico que deve dar conta dessas próprias amplificações. É que, anteriormente, a expressão dependia do conteúdo molecular expresso, em todas as direções e segundo todas as dimensões, e só tinha independência quando recorria a uma ordem de grandeza superior e a forças exteriores: a distinção real se fazia entre formas, mas formas de um único e mesmo conjunto, de uma [77] mesma coisa ou sujeito. *Mas agora a expressão devém independente em si mesma, quer dizer, autônoma.* Ao passo

10.000 a.C. — A geologia da moral

que a codificação de um estrato precedente era coextensiva ao estrato, a do estrato orgânico se processa numa linha independente e autônoma que se destaca ao máximo das segunda e terceira dimensões. A expressão deixa de ser volumosa ou superficial para devir linear, unidimensional (mesmo na sua segmentaridade). O essencial é a *linearidade da sequência nucleica*.[20] A distinção real conteúdo/expressão não é mais simplesmente formal, é, propriamente falando, real; ela se faz agora no molecular, independentemente das ordens de grandeza, entre duas classes de moléculas, ácidos nucleicos de expressão e proteínas de conteúdo, entre elementos nucleicos ou nucleotídeos e elementos proteicos ou aminoácidos. Tanto a expressão quanto o conteúdo têm molecular e molar. A distinção não se refere mais a um único e mesmo conjunto ou sujeito; a linearidade nos faz avançar na ordem das multiplicidades planas, mais do que na direção da unidade. Com efeito, a expressão remete aos nucleotídeos e aos ácidos nucleicos tomados como moléculas que, em sua substância e sua forma, são inteiramente independentes não só das moléculas de conteúdo como também de qualquer ação orientada do meio exterior. A invariância pertence, assim, a certas moléculas e não mais à escala molar. Inversamente, as proteínas, na sua substância e também na sua forma de conteúdo, não são menos independentes dos nucleotídeos: o que é determinado de maneira unívoca é apenas que tal ácido aminado, e não outro, corresponde a uma sequência de três nucleotídeos.[21] O que a forma de expressão linear determina é, pois, uma forma de expressão derivada, desta vez relativa ao conteúdo, e que produzirá finalmente, por redobramento da sequência proteica dos ácidos aminados, as estruturas específicas de três dimensões. Em suma, o que caracteriza o estrato orgânico é *esse alinhamento da expressão, essa exaustão ou esse destaque de uma linha de expressão*, esse rebatimento da for-

[20] Evidentemente, há multiplicidade de sequências ou de linhas. Mas isso não impede que "a ordem da ordem" seja unilinear (cf. François Jacob, *La Logique du vivant*, cit., p. 306, e "Le modèle linguistique en biologie", cit., pp. 199--203).

[21] Sobre a independência respectiva das proteínas e ácidos nucleicos e sua pressuposição recíproca, François Jacob, *La Logique du vivant*, cit., pp. 325-7, e Jacques Monod, *Le Hasard et la nécessité*, cit., pp. 110-2, 123-4, 129, 159-60.

ma e da substância de expressão numa linha unidimensional que vai garantir a independência recíproca em relação ao conteúdo sem ter que considerar ordens de grandeza. *[78]*

Daí decorrem muitas consequências. Essa nova situação da expressão e do conteúdo não condiciona somente a potência ou sua aceleração de desterritorialização. O alinhamento do código ou a linearidade da sequência nucleica marcam efetivamente um limiar de desterritorialização do "signo", que define a nova aptidão para ser copiado, mas que define também o organismo como mais desterritorializado que um cristal: só o desterritorializado é capaz de se reproduzir. De fato, enquanto o conteúdo e a expressão se distribuem segundo o molecular e o molar, as substâncias vão de um estado a outro, do estado precedente ao estado seguinte, ou de camada em camada, de uma já constituída a outra ainda em vias de se constituir, ao passo que as formas se estabelecem no limite da última camada ou do último estado, e do meio exterior. Assim, o extrato se desenvolve em epistratos, por um conjunto de *induções* de camada em camada, de estado em estado, ou então no extremo limite. Um cristal libera esse processo em estado puro, pois sua forma se estende em todas as direções, mas sempre em função da camada superficial da substância que pode ser esvaziada da sua maior parte interior sem parar o crescimento. É a sujeição do cristal às três dimensões, quer dizer, seu índice de territorialidade, que faz com que a estrutura não possa formalmente se reproduzir e se expressar, mas somente a superfície accessível, a única desterritorializável. Ao contrário, o destaque de uma pura linha de expressão no estrato orgânico vai tornar o organismo simultaneamente capaz de atingir um limiar de desterritorialização muito mais elevado, dispor de um mecanismo de reprodução de todos os detalhes de sua complexa estrutura no espaço e colocar todas as suas camadas interiores "topologicamente em contato" com o exterior, ou melhor, com o limite polarizado (donde o papel particular da membrana viva). O desenvolvimento do estrato em epistratos e paraestratos não mais se faz, então, por simples induções, mas por *transduções* que dão conta quer da amplificação de ressonância entre molecular e molar, independentemente das ordens de grandeza, quer da eficácia funcional das substâncias interiores independentemente das distâncias e da possibilidade de uma proliferação e mesmo de um entrecruzamento das formas, independentemente dos códigos (as mais-valias de código ou fenômenos de transcodificação, de evolução aparalela).[22] *[79]*

Um terceiro grande grupo de estratos se definirá, ainda aqui, mais por uma nova distribuição do conteúdo e da expressão do que por uma essência humana. A forma de conteúdo devém "aloplástica" e não mais "homoplástica", isto é, opera modificação do mundo exterior. A forma de expressão devém linguística e não mais genética, quer dizer, opera por símbolos compreensíveis, transmissíveis modificáveis de fora. O que nós chamamos propriedades do homem — a técnica e a linguagem, a ferramenta e o símbolo, a mão livre, a laringe flexível, "o gesto e a palavra" — são antes propriedades dessa nova distribuição cujo começo só dificilmente se poderia fazer coincidir com o homem como origem absoluta. A partir das análises de Leroi-Gourhan, vê-se como os conteúdos se acham ligados ao par mão-ferramenta e as expressões ao par face-linguagem, rosto-linguagem.[23] A mão não deve ser considerada aqui como simples órgão, mas como uma codificação (código digital), uma estruturação dinâmica, uma formação dinâmica (forma manual ou traços formais manuais). A mão como forma geral de conteúdo se prolonga nas ferramentas que são, elas próprias, formas em atividade, implicando substâncias enquanto matérias formadas; enfim, os produtos são matérias formadas ou substâncias que, por sua vez, servem de ferramentas. Se os traços formais manuais constituem uma unidade de composição para o estrato, as formas e as substâncias de ferramentas e de produtos se organizam em paraestratos e epistratos, que funcionam, eles mesmos, como verdadeiros estratos e assinalam as descontinuidades, as fraturas, as comunicações e difusões, os nomadismos e sedentariedades, os limiares múltiplos e as velocidades de desterritorialização relativas nas populações humanas. Portanto, com a mão como traço formal ou forma geral de conteúdo, foi atingido um elevado limiar de desterritorialização e que se abre, um acelerador que permite, em si mesmo, todo um jogo mó-

---

[22] Sobre a noção de transdução, cf. Simondon (mas ele a considera no sentido mais geral e a estende a qualquer sistema), pp. 18-21. E sobre a membrana, pp. 259 ss.

[23] André Leroi-Gourhan, *Le Geste et la parole, 1: technique e langage*, Paris, Albin Michel, 1945, p. 161.

vel de desterritorializações comparadas — são, justamente, fenômenos de "atraso de desenvolvimento" no subestrato orgânico que tornam possível essa aceleração. Além de ser uma pata anterior desterritorializada, a mão livre é desterritorializada em relação à mão prensora e locomotriz do macaco. Levar em conta desterritorializações sinérgicas de outros órgãos (por exemplo, o pé). Levar em conta também as desterritorializações correlativas de meios: a estepe, meio associado mais desterritorializado que a floresta e exercendo sobre o corpo e a técnica uma pressão seletiva de desterritorialização *[80]* (não é na floresta, mas na estepe, que a mão pode aparecer como forma livre, e o fogo como matéria tecnologicamente formável). Levar em conta, enfim, as reterritorializações complementares (o pé como reterritorialização compensatória da mão e se efetuando na estepe). Fazer mapas, nesse sentido, orgânicos, ecológicos e tecnológicos a serem estendidos no plano de consistência.

Por outro lado, a linguagem surge como a nova forma de expressão, ou melhor, o conjunto dos traços formais que definem a nova expressão em todo o estrato. Mas, assim como os traços formais só existem nas formas e nas matérias formadas que interrompem sua continuidade e distribuem seus efeitos, os traços formais de expressão só existem nas diversas línguas formais e implicam uma ou mais substâncias formáveis. A substância é, primeiramente, a substância vocal que aciona diversos elementos orgânicos, não apenas a laringe, mas a boca e os lábios, toda a motricidade da face, o rosto inteiro. Aqui, também, levar em conta um mapa intensivo: a boca como desterritorialização da goela (todo um "conflito entre a boca e o cérebro", como dizia Perrier); os lábios como desterritorialização da boca (só os homens têm lábios, isto é, um arrebitamento da mucosa interior; só as fêmeas de homens têm seios, quer dizer, glândulas mamárias desterritorializadas: faz-se uma reterritorialização complementar dos lábios sobre o seio e do seio sobre os lábios no aleitamento prolongado favorável à aprendizagem da linguagem). Que curiosa desterritorialização, encher a boca de palavras mais que de alimentos e ruídos. A estepe parece ainda ter exercido uma forte pressão de seleção: a "laringe flexível" é como que o correspondente da mão livre e só pode se expandir num meio desmatado onde não é mais preciso ter sacos laríngeos gigantescos para dominar com gritos a permanência dos barulhos da

10.000 a.C. — A geologia da moral

floresta. Articular, falar, é falar baixo, e sabe-se que os lenhadores mal falam.[24] Mas não é apenas a substância vocal acústica e fisiológica que passa por todas essas desterritorializações, é também a forma de expressão como linguagem que transpõe um limiar. *[81]*

Os signos vocais têm uma linearidade temporal, e é essa sobre-linearidade que estabelece sua desterritorialização específica, sua diferença face à linearidade genética. Com efeito, esta é, antes de mais nada, espacial, mesmo se seus segmentos são construídos e reproduzidos sucessivamente; tanto que não exige qualquer sobrecodificação efetiva nesse nível, mas somente fenômenos de ajuntamento, regulações locais e interações parciais (a sobrecodificação só intervirá no nível de integrações implicando ordens de grandeza diferentes). Donde as reservas de Jacob quanto a qualquer comparação do código genético a uma linguagem: na realidade, no código genético não há nem emissor, nem receptor, nem compreensão, nem tradução, mas apenas redundâncias e mais-valias.[25] Ao contrário, a linearidade temporal da expressão de linguagem remete não somente a uma sucessão como também a uma síntese formal da sucessão no tempo, que constitui toda uma sobrecodificação linear e faz aparecer um fenômeno desconhecido nos outros estratos: a *tradução*, a tradutibilidade, por oposição às induções ou transduções precedentes. E por tradução não se deve somente compreender que uma língua possa, de algum modo, "representar" só dados de uma outra língua; mas, mais ainda, que a linguagem, com seus próprios dados no seu estrato, pode representar todos os outros estratos e aceder assim a uma concepção científica do mundo. O mundo científico (*Welt*, por oposição ao *Umwelt* animal)

[24] Sobre todos esses problemas — a mão livre, a laringe flexível, os lábios e o papel da estepe como fator de desterritorialização —, cf. o belo livro de Émile Devaux, *Trois problèmes: l'espèce, l'instinct, l'homme*, Paris, Le François, 1933, parte III (cap. VII: "Privado de sua floresta, atrasado no desenvolvimento, infantilizado, o antropoide deveria adquirir mãos livres e uma laringe flexível"; e cap. IX: "A floresta fez o macaco, a caverna e a estepe fizeram o homem").

[25] François Jacob, *La Logique du vivant*, cit., pp. 298, 310, 319. Jacob e Monod empregam por vezes a palavra tradução para o código genético, mas por comodidade, e com a seguinte precisão de Monod: "o código só pode ser traduzido por produtos de tradução".

aparece, com efeito, como a tradução de todos os fluxos, partículas, códigos e territorialidades dos outros estratos num sistema de signos suficientemente desterritorializados, quer dizer, uma sobrecodificação própria à linguagem. É essa propriedade de *sobrecodificação* ou de *sobrelinearidade* que explica o fato de não haver, na linguagem, somente independência da expressão em relação ao conteúdo, mas também independência da forma de expressão em relação às substâncias: a tradução é possível porque uma mesma forma pode passar de uma substância a outra, contrariamente ao que acontece no código genético, por exemplo, entre as cadeias de RNA e DNA. Veremos como essa situação suscita certas pretensões imperialistas da linguagem, que se enunciam com ingenuidade nas fórmulas do tipo: "toda semiologia de um sistema não linguístico deve recorrer à mediação da língua. (...) A língua é o interpretante de todos ou outros sistemas, linguísticos e não linguísticos". Isto equivale a abstrair uma característica da linguagem para dizer que os outros *[82]* estratos só podem participar dessa característica se falados. Isto seria de se esperar. Contudo, mais positivamente, deve-se constatar que essa imanência de uma tradução universal à linguagem faz com que os epistratos e os paraestratos, na ordem das superposições, difusões, comunicações, ladeamentos, procedam de modo completamente diferente do que nos outros estratos: todos os movimentos humanos, mesmo os mais violentos, implicam traduções.

Precisávamos andar depressa, dizia Challenger, agora é a linha de tempo que nos empurra para esse terceiro tipo de estrato. Temos, então, uma nova organização conteúdo-expressão, cada qual com formas e substâncias: conteúdo tecnológico-expressão simbólica ou semiótica. Por conteúdo, não se deve apenas entender a mão e as ferramentas, mas uma máquina social técnica que a elas preexiste e constitui estados de força ou formações de potência. Por expressão, não se deve apenas entender a face e a linguagem, nem as línguas, mas uma máquina coletiva semiótica que a elas preexiste e constitui regimes de signos. Uma formação de potência é muito mais que uma ferramenta, um regime de signos é muito mais que uma língua: atuam antes como agentes determinantes e seletivos, tanto para a constituição das línguas, das ferramentas, quanto para seus usos, suas comunicações e difusões mútuas ou respectivas. Com o terceiro estrato ocorre, en-

10.000 a.C. — A geologia da moral

tão, a emergência de Máquinas que pertencem plenamente a esse estrato, mas que, ao mesmo tempo, se alçam e estendem suas pinças em todos os sentidos, na direção de todos os outros estratos. *Não seria como um estado intermediário entre os dois estados da Máquina abstrata* — aquele em que ela permanecia envolvida num estrato correspondente (ecúmeno) e aquele onde ela se desenvolvia por si mesma no plano de consistência desestratificado (planômeno)? Aqui a Máquina abstrata começa a se desdobrar, começa a se erigir, produzindo uma ilusão que transborda todos os estratos, embora pertença ainda a um determinado estrato. É, evidentemente, a ilusão constitutiva do homem (quem o homem pensa que é?). É a ilusão que deriva da sobrecodificação imanente à própria linguagem. Mas o que não é ilusório são as novas distribuições do conteúdo e da expressão: conteúdo tecnológico caracterizado por mão-ferramenta, remetendo mais profundamente a uma Máquina social e a formações de potência; expressão simbólica caracterizada por face-linguagem, remetendo mais profundamente a uma Máquina semiótica e a regimes de signos. De ambos os lados, os epistratos e os paraestratos, os graus superpostos e as formas ladeadas valem mais do que nunca para os próprios estratos autônomos. Se conseguimos distinguir dois regimes de signos ou duas formações de potência, *[83]* dizemos que são dois estratos, de fato, nas populações humanas.

Mas, justamente, que correlação se estabelece então entre conteúdo e expressão, e que tipo de distinção? Tudo isso está na cabeça. Entretanto, nunca houve distinção mais real. Queremos dizer que há, efetivamente, um meio exterior comum em todo o estrato, envolvido no estrato inteiro, o meio nervoso cerebral. Ele provém do subestrato orgânico, mas este não desempenha, é claro, o papel de um subestrato, nem de um suporte passivo. Ele próprio não apresenta uma organização menor. Constitui antes a sopa pré-humana onde estamos mergulhados. Aí banhamos as mãos e o rosto. O cérebro é uma população, um conjunto de tribos que tendem para dois polos. Quando Leroi-Gourhan analisa precisamente a constituição dos dois polos nessa sopa — sendo que de um dependerão as ações da face e, do outro, as da mão —, a correlação ou relatividade dos dois não impede a distinção real; implica-a, pelo contrário, como a pressuposição recíproca de duas articulações, a articulação manual de conteúdo, a articulação facial de expressão. E a distinção não é simplesmente real, como entre moléculas, coisas ou sujeitos, deveio *essencial* (dizia-se na Idade Média), como entre atributos, gêneros de ser ou categorias irredutíveis: as coisas e as palavras. Nem por isso se deixa de encontrar, levado a esse nível, o movimento mais geral pelo qual cada uma das duas articulações distintas já é dupla por si mesma, certos elementos formais do conteúdo desempenhando um papel de expressão em relação ao próprio conteúdo, certos elementos formais de expressão desempenhando um papel de conteúdo em relação à expressão mesma. Leroi--Gourhan mostra, no primeiro caso, como a mão cria todo um mundo de símbolos, toda uma linguagem pluridimensional que não se confunde com a linguagem verbal unilinear e que constitui uma expressão irradiante própria ao conteúdo (seria uma origem da escrita).[26] Já o segundo caso aparece nitidamente na dupla articulação peculiar à própria linguagem, visto que os fonemas formam um conteúdo irradiante adequado à expressão dos monemas considerados como segmentos significativos lineares (só nessas condições, como caráter geral de estrato, a dupla articulação ganha o sentido que lhe reserva Martinet). Pois bem, já tínhamos dado conta, provisoriamente, das relações conteúdo-expressão, sua distinção real e as variações dessas relações e dessa distinção de acordo como os grandes tipos de estratos. *[84]*

Challenger queria ir cada vez mais depressa. Não tinha ficado ninguém; entretanto, ele prosseguia. Aliás, sua voz mudava cada vez mais, sua aparência também; havia algo de animal nele desde que tinha começado a falar do homem. Ainda não se poderia jurar, mas Challenger parecia se desterritorializar ali mesmo. Queria ainda considerar três problemas. O primeiro parecia sobretudo terminológico: quando é que se pode falar de signos? Devia-se colocá-los por toda parte, em todos os estratos, e dizer que havia signo cada vez que houvesse forma de expressão? Distinguiam-se sumariamente três espécies de signos: *os índices (signos territoriais), os símbolos (signos desterritorializados), os ícones (signos de reterritorialização).* Poderíamos semeá-los em todos os estratos pretextando que todos eles comportavam territorialidades, movimentos de desterritorialização e reterritorialização? Semelhante método expansivo seria muito perigoso por-

[26] André Leroi-Gourhan, *ibid.*, pp. 269-75.

10.000 a.C. — A geologia da moral

que preparava ou reforçava o imperialismo da linguagem, quanto mais não seja por apoiar-se em sua função de tradutora ou intérprete universal. Não há, evidentemente, um sistema de signos que atravesse o conjunto dos estratos, nem mesmo sob a forma de uma região "*khora*" semiótica que se suporia teoricamente prévia à simbolização. Parece que só se pode falar rigorosamente de signo quando há uma distinção não apenas real, mas categorial, entre as formas de expressão e as formas de conteúdo. Então, há semiótica, no estrato correspondente, porque a máquina abstrata está erigida exatamente na posição que lhe permite "escrever", quer dizer, tratar da linguagem e dela extrair *regimes* de signos. Mas, aquém, nas codificações ditas naturais, a máquina abstrata permanece envolvida nos estratos: ela nada escreve e não dispõe de qualquer grau de liberdade para reconhecer algo como signo (salvo no sentido estritamente territorial do animal). E, para além, a máquina abstrata se desenvolve no plano de consistência, não tendo mais como distinguir categoricamente signos de partículas; por exemplo, ela escreve, mas escreve diretamente no real, tem uma inscrição direta no plano de consistência. Então, parece razoável reservar a palavra signo, propriamente falando, para o último grupo de estratos. Mas esta discussão terminológica só tem verdadeiramente interesse porque remete também a um outro perigo: não mais o imperialismo da linguagem em todos os estratos, ou a extensão do signo a todos os estratos, mas o imperialismo do significante sobre a própria linguagem, sobre o conjunto dos regimes de signos e sobre a extensão do estrato portadora desses regimes. Não se trata mais de saber se o signo se aplica a todos os estratos, mas se o significante se aplica a todos os signos, se todos os signos são dotados de significância, se a semiótica *[85]* dos signos remete necessariamente a uma semiologia do significante. Por esse caminho, é possível até que sejamos levados a economizar a noção de signo, pois a primazia do significante sobre a linguagem é mais eficaz que a simples expansão do signo em todos os sentidos para garantir a primazia da linguagem sobre todos os estratos. Queremos dizer que a ilusão própria a *essa* posição da Máquina abstrata, ilusão de apreender e abarcar todos os estratos com suas pinças, pode ser efetuada pela ereção do significante mais seguramente ainda do que pela extensão do signo (graças à significância, a linguagem pretende estar diretamente ligada aos estratos, independentemente de uma passagem por signos supostos para cada um deles). Mas continuamos a andar em círculo; propaga-se, assim, a mesma gangrena.

A relação linguística significante-significado foi, sem dúvida, concebida de maneiras muito diversas: ora como arbitrária, ora como necessária, da mesma forma que o verso e o anverso de uma mesma folha, ora como correspondente termo a termo, ora globalmente, ora como sendo tão ambivalente que não se pode mais distingui-los. De qualquer modo, o significado não existe fora de sua relação com o significante, e o significado último é a própria existência do significante que extrapolamos para além do signo. Sobre o significante, só podemos dizer uma coisa: ele é a Redundância, o Redundante. Donde seu incrível despotismo e o sucesso que alcançou. O arbitrário, o necessário, o correspondente termo a termo ou global, o ambivalente, servem a uma mesma causa que comporta a redução do conteúdo ao significado e a redução da expressão ao significante. Ora, as formas de conteúdo e as formas de expressão são eminentemente relativas e estão sempre em estado de pressuposição recíproca; mantêm correlações biunívocas, exteriores e "disformes" entre seus respectivos segmentos; não há jamais conformidade entre ambas, nem de uma à outra, mas há sempre independência e distinção reais; para ajustar uma das formas à outra e para determinar as correlações, é preciso mesmo um agenciamento específico variável. Nenhum desses caracteres convém à relação significante-significado, mesmo se alguns parecem manter com ela uma espécie de coincidência parcial e acidental, e o conjunto dos caracteres se opõe radicalmente ao quadro do significante. Uma forma de conteúdo não é significado, do mesmo modo que uma forma de expressão não é significante.[27] Isso é verdadeiro para *[86]* todos os estratos, inclusive para aqueles onde intervém a linguagem.

Os amantes de significante conservam como modelo implícito uma situação demasiado simples: a palavra e a coisa. Extraem da palavra o significante, e da coisa o significado adequado à palavra, por-

---

[27] É por isso que Hjelmslev, apesar de suas próprias reservas e hesitações, nos parece o único linguista que rompe realmente com o significante e o significado, muito mais que outros que parecem fazê-lo deliberadamente e sem reserva, mantendo, entretanto, as pressuposições implícitas do significante.

10.000 a.C. — A geologia da moral

tanto submetido ao significante. Instalam-se assim numa esfera interior homogênea à linguagem. Tomemos de empréstimo a Foucault uma análise exemplar que diz respeito à linguística, tanto mais que não parece: ou seja, uma coisa como a prisão. A prisão é uma forma, a "forma-prisão", uma forma de conteúdo num estrato em relação com outras formas de conteúdo (escola, quartel, asilo, fábrica). Ora, esta coisa ou esta forma não remetem à palavra "prisão", mas a palavras e conceitos diversos, tais como "delinquente, delinquência", que exprimem uma nova maneira de classificar, enunciar, traduzir e mesmo praticar atos criminosos. "Delinquência" é a forma de expressão em pressuposição recíproca com a forma de conteúdo "prisão". Não é absolutamente um significante, mesmo jurídico, cujo significado seria a prisão. Minimizaríamos, assim, toda análise. A forma de expressão, aliás, não se reduz a palavras, mas sim a um conjunto de enunciados que surgem no campo social considerado estrato (é isto um regime de signos). A forma de conteúdo não se reduz a uma coisa, mas a um estado de coisas complexo como formação de potência (arquitetura, programa de vida etc.). Há nisso como que duas multiplicidades que não cessam de se entrecruzar, "multiplicidades discursivas" de expressões e "multiplicidades não discursivas" de conteúdo. Isto é ainda complexo, porque a prisão como forma de conteúdo possui, ela mesma, sua expressão relativa, todos os tipos de enunciados que lhe são próprios e que não coincidem forçosamente com os enunciados de delinquência. Inversamente, a delinquência, como forma de expressão, possui, ela mesma, seu conteúdo autônomo, pois não exprime somente uma nova maneira de apreciar os crimes, mas de praticá-los. Forma de conteúdo e forma de expressão, prisão e delinquência, cada qual tem sua história, sua micro-história, seus segmentos. Quando muito elas implicam, com outros conteúdos e outras expressões, um mesmo estado de Máquina abstrata que não atua de modo algum como significante, mas como uma espécie de diagrama (uma mesma máquina abstrata para prisão, escola, quartel, asilo, fábrica...). E para ajustar os dois tipos de formas, os segmentos de conteúdo e os segmentos de expressão, é preciso todo um agenciamento concreto com dupla pinça, ou melhor, dupla cabeça que leve em conta sua distinção real. É necessário toda uma organização que articula as formações de potência e os regimes de signos e que trabalhe no nível molecular (o que Foucault chama sociedades com *[87]* poder disciplinar).[28] Em suma, não se deve jamais confrontar palavras e coisas supostamente correspondentes, nem significantes e significados supostamente conformes, mas sim formalizações distintas em estado de equilíbrio instável ou pressuposição recíproca. *"Não adianta dizer o que se vê; o que se vê não habita jamais o que se diz."* É como na escola: não há uma lição de escrita que seja a do grande Significante redundante para significados quaisquer, há duas formalizações distintas, em pressuposição recíproca e constituindo uma dupla pinça: a formalização de expressão na lição de leitura e de escrita (com seus conteúdos relativos próprios), e a formalização de conteúdo na lição de coisas (com suas expressões relativas próprias). Não se é jamais significante ou significado, mas sim estratificado.

A esse método expansivo que põe signos em todos os estratos, ou significante em todos os signos (pronto a prescindir mesmo deles, em último caso), preferiremos, então, um método severamente restritivo. Primeiramente, há formas de expressão sem signos (por exemplo, o código genético não tem nada a ver com a linguagem). Os signos se dizem somente em certas condições de estratos e nem se confundem com a linguagem em geral, mas se definem por regimes de enunciados que são outros tantos usos reais ou funções da linguagem. Mas por que manter a palavra *signo* para esses regimes que formalizam uma expressão sem designar nem significar os conteúdos simultâneos que se formalizam de outro modo? É que os signos não são signos de alguma coisa, mas são signos de desterritorialização e reterritorialização e marcam um certo limiar transposto nesses movimentos; e é nesse sentido que devem ser conservados (vimos isso até para os "signos" animais).

Em seguida, se consideramos os regimes de signos nessa acepção restritiva, vemos que eles não são significantes, ou não o são necessa-

---

[28] Michel Foucault, *Surveiller et punir*, Paris, Gallimard, 1975. Em *L'Archéologie du savoir* (Gallimard, 1969), Foucault já tinha esboçado sua teoria das duas multiplicidades, de expressões ou enunciados, de conteúdos ou objetos, mostrando sua irredutibilidade ao par significante-significado. Explicava também por que o título de um de seus livros precedentes, *Les Mots et les choses* (Gallimard, 1966), deveria ser compreendido negativamente (pp. 66-7).

10.000 a.C. — A geologia da moral

riamente. Do mesmo modo que os signos só designam uma certa formalização da expressão num determinado grupo de estratos, a própria significância só designa um certo regime dentre outros nessa formalização particular. Assim como há expressões assemióticas ou sem signos, há regimes de signos assemiológicos, signos assignificantes, simultaneamente nos estratos e no plano de consistência. Tudo o que se pode dizer sobre a significância é que ela qualifica *[88] um* regime, nem o mais interessante, nem o mais moderno ou atual, simplesmente talvez mais pernicioso, mais canceroso, mais despótico que os outros, por ir mais fundo na ilusão.

De todo modo, conteúdo e expressão não são jamais redutíveis a significante-significado, tampouco a infraestrutura e superestrutura (aí está o segundo problema). Nem se pode fixar um primado de conteúdo como determinante, nem um primado da expressão como significante. Não se pode fazer da expressão uma forma que reflita o conteúdo, mesmo se a dotarmos de uma "certa" independência e de uma certa possibilidade de reagir. Quanto mais não seja porque o conteúdo dito econômico já tem uma forma, e mesmo formas de expressão que lhe são próprias. Forma de conteúdo e forma de expressão remetem a duas formalizações paralelas em pressuposição: é evidente que elas não param de entrecruzar seus segmentos, introduzi-los uns nos outros, mas isso em virtude de uma máquina abstrata da qual derivam ambas as formas e em virtude de agenciamentos maquínicos que regulam sua relações. Se substituímos esse paralelismo por uma imagem piramidal, fazemos do conteúdo (até em sua forma) uma infraestrutura econômica de produção que toma todas as características do Abstrato; fazemos dos agenciamentos o primeiro andar de uma superestrutura que, como tal, deve ser localizada num aparelho de Estado; fazemos dos regimes de signos e das formas de expressão o segundo andar da superestrutura, definido pela ideologia. Quanto à linguagem, não sabemos mais muito bem o que fazer com ela: o grande Déspota tinha decidido que seria preciso conferir a ela um lugar à parte como bem comum da nação e veículo de informação. Desconsideramos assim quer a natureza da linguagem, que só existe em regimes heterogêneos de signos, que distribuem ordens contraditórias em vez de fazer circular uma informação, quer a natureza dos regimes de signos que exprimem precisamente as organizações de poder ou os agenciamentos e nada têm a ver com a ideologia como suposta expressão de um conteúdo (a ideologia é o conceito mais execrável que esconde todas as máquinas sociais efetivas), quer a natureza das organizações de poder, que não se localizam absolutamente num aparelho de Estado, mas operam em todo e qualquer lugar as formalizações de conteúdo e expressão cujos segmentos entrecruzam, quer a natureza do conteúdo, que não é absolutamente econômico "em última instância", pois há tanto signos ou expressões diretamente econômicas quanto conteúdos não economistas. Não é também introduzindo significante na infraestrutura, ou o inverso, um pouco de falo ou castração na economia política, um pouco de economia ou política na Psicanálise, que se elabora um estatuto das formações sociais. *[89]*

Há, enfim, um terceiro problema, pois é difícil expor o sistema dos estratos sem parecer introduzir entre eles uma espécie de evolução cósmica ou mesmo espiritual, como se eles se ordenassem em estágios e passassem por graus de perfeição. Entretanto, não é nada disso. As diferentes figuras do conteúdo e da expressão não são estágios. Não há biosfera, noosfera, por toda parte só há uma única e mesma Mecanosfera. Se considerarmos, primeiramente, os estratos por si mesmos, não poderemos dizer que um seja menos organizado que outro. Mesmo o que serve: não há ordem fixa, e um estrato pode servir de subestrato direto a um outro independentemente dos intermediários que se poderia julgar necessários do ponto de vista dos estágios e dos graus (por exemplo, setores microfísicos como subestrato imediato de fenômenos orgânicos). Ou, então, a ordem aparente pode ser invertida e fenômenos tecnológicos ou culturais serem um bom húmus, uma boa sopa para o desenvolvimento dos insetos, bactérias, micróbios ou mesmo partículas. A idade industrial definida como idade dos insetos... Hoje em dia, pior ainda: não se pode mais dizer de antemão qual estrato comunica com tal outro, nem em que sentido. Sobretudo não há organização menor, menos alta ou mais alta, e o subestrato é parte integrante do estrato, nele estando preso a título de meio onde se processa a mudança, não o aumento de organização.[29] Se, por outro lado, considera-se o plano de consistência, percebe-se que ele é per-

[29] Gilbert Simondon, *ibid.*, pp. 139-41.

10.000 a.C. — A geologia da moral

corrido pelas coisas e signos mais heteróclitos: um fragmento semiótico avizinha-se de uma interação química, um elétron percute uma linguagem, um buraco negro capta uma mensagem genética, uma cristalização tem uma paixão, a vespa e a orquídea atravessam uma letra... Não é "como", não é "como um elétron", "como uma interação" etc. O plano de consistência é a abolição de qualquer metáfora; tudo o que consiste é Real. São elétrons em pessoa, buracos negros verdadeiros, organitos em realidade, sequências de signos autênticas. Só que eles são arrancados dos seus estratos, desestratificados, descodificados, desterritorializados, e é isso que permite sua vizinhança e sua mútua penetração no plano de consistência. Uma dança muda. *O plano de consistência ignora as diferenças de nível, as ordens de grandeza e as distâncias. Ignora qualquer diferença entre o artificial e o natural. Ignora a distinção dos conteúdos e das expressões, assim como a das formas e substâncias formadas*, que só existem pelos estratos e em relação aos estratos. *[90]*

Mas como poderemos ainda identificar e nomear as coisas, se elas perderam os estratos que as qualificavam e passaram para uma desterritorialização absoluta? Os olhos são buracos negros, mas o que são buracos negros e olhos fora de seus estratos e suas territorialidades? Precisamente, não podemos nos contentar com um dualismo ou com uma oposição sumária entre os estratos e o plano de consistência desestratificado. É que os próprios estratos são animados e definidos por velocidades de desterritorialização relativa; mais que isso, a desterritorialização absoluta aí está desde o começo, e os estratos são recaídas, espessamentos num plano de consistência por toda parte presente, por toda parte primeiro, sempre imanente. Além disso, o plano de consistência é ocupado, traçado pela Máquina abstrata; ora, esta existe *simultaneamente* desenvolvida no plano desestratificado que traça, mas envolvida em cada estrato cuja unidade de composição define e mesmo erigida pela metade em certos estratos cuja forma de preensão ela também define. O que foge ou dança no plano de consistência carrega, pois, uma aura do seu estrato, uma ondulação, uma lembrança ou uma tensão. O plano de consistência conserva apenas os estratos suficientes para deles extrair variáveis que nele se exercem como suas próprias funções. O plano de consistência, ou o planômeno, não é de modo algum um conjunto indiferenciado de matérias não formadas, tampouco um caos de quaisquer matérias formadas. É bem verdade que no plano de consistência não mais existam formas nem substâncias, não mais existe conteúdo nem expressão, nem mesmo desterritorializações relativas e respectivas. Mas, sob as formas e as substâncias de estratos, o plano de consistência (ou máquina abstrata) *constrói contínuos de intensidade*: cria uma continuidade para intensidades que extrai de formas e substâncias distintas. Sob os conteúdos e as expressões, o plano de consistência (ou a máquina abstrata) *emite e combina signos-partículas (partigos)* que fazem o signo mais assignificante funcionar na partícula mais desterritorializada. Sob os movimentos relativos, o plano de consistência (ou a máquina abstrata) *opera conjunções de fluxos de desterritorialização* que transformam os indícios respectivos em valores absolutos. Os estratos conhecem apenas intensidades descontínuas, tomadas em formas e substâncias; partigos divididos em partículas de conteúdo e artigos de expressão; e fluxos desterritorializados disjuntos e reterritorializados. Contínuos de intensidades, emissão combinada de partigos ou de partículas signos, conjunção de fluxos desterritorializados, são estes, ao contrário, os três fatores próprios ao plano de consistência, operados pela máquina abstrata e constituindo a desestratificação. Ora, nada disso é uma noite *[91]* em claro caótica ou uma noite escura indiferenciada. Há regras que são as da "planificação", da diagramatização. Veremos isso mais tarde ou em outro lugar. A máquina abstrata não é uma máquina qualquer; as continuidades, as emissões e combinações, as conjugações não se fazem de qualquer maneira.

Por enquanto, seria preciso assinalar uma última distinção. A máquina abstrata tem estados diferentes simultâneos que dão conta da complexidade do que se passa no plano de consistência, mas, além disso, ela não deve ser confundida com o que chamamos agenciamento maquínico concreto. *A máquina abstrata* ora se desenvolve no plano de consistência cujos contínuos, emissões e conjugações constrói, ora permanece envolvida num estrato do qual ela define a unidade de composição e a força de atração ou preensão. *O agenciamento maquínico* é completamente diferente, se bem que em estreita relação: primeiro, ele opera as coadaptações de conteúdo e expressão num estrato, assegura as correlações biunívocas entre segmentos de ambos, pilota as divisões do estrato em epistratos e paraestratos; depois, de um estrato a outro, assegura a relação com o que é subestrato e as correspondentes mudanças de organização; finalmente, ele é voltado para o plano de consistência porque efetua necessariamente a máquina abstrata em tal ou qual estrato, entre os estratos e na relação destes com o plano. Era preciso um agenciamento, por exemplo a bigorna do ferreiro mencionada pelos Dogons, para que se fizessem as articulações do estrato orgânico. É preciso um agenciamento para que se faça a relação entre dois estratos. Para que os organismos se vejam presos e penetrados num campo social que os utilize: as Amazonas não têm que cortar um seio para que o estrato orgânico se adapte a um estrato tecnológico guerreiro, por exigência de um terrível agenciamento mulher-arco-estepe? São necessários agenciamentos para que estados de forças e regimes de signos entrecruzem sua relações. São necessários agenciamentos para que seja organizada a unidade de composição envolvida num estrato, isto é, para que as relações entre tal estrato e os outros, entre esses estratos e o plano de consistência, sejam relações organizadas e não relações quaisquer. Sob todos os pontos de vista, os agenciamentos maquínicos efetuam a máquina abstrata tal como ela é desenvolvida no plano de consistência ou envolvida num estrato. E não haverá problema mais importante que este: considerando-se um agenciamento maquínico, qual é sua relação de efetuação com a máquina abstrata? De que modo ele efetua essa relação, com qual adequação? Classificar os agenciamentos. O que chamamos mecanosfera é o conjunto das máquinas abstratas e agenciamentos maquínicos, ao mesmo tempo, fora dos estratos, nos estratos e interestráticos. *[92]*

O sistema dos estratos, portanto, nada tinha a ver com significante-significado, nem com infraestrutura superestrutura, nem com matéria-espírito. Tais oposições eram maneiras de reduzir a um todos os estratos, ou então de fechar o sistema sobre si, isolando-o do plano de consistência como desestratificação. Precisávamos resumir, antes que a voz nos faltasse. Challenger estava terminando. Sua voz tinha devindo inaudível, sibilante. Respirava com dificuldade. Suas mãos transformavam-se em pinças alongadas, que não podiam pegar mais nada e designavam ainda alguma coisa vagamente. A máscara dupla, a dupla cabeça pareciam desmanchar-se por dentro numa matéria que, impossível distingui-lo, devinha mais espessa, ou, ao contrário, fluida. Alguns ouvintes tinham voltado, mas eram sombras ou vagabundos. "Vocês ouviram? É a voz de um animal." Era preciso então resumir rapidamente, fixar a terminologia do jeito que se pudesse, por nada. Havia inicialmente um primeiro grupo de noções: o Corpo sem Órgãos ou o Plano de consistência desestratificado — a Matéria do Plano, o que se passa nesse corpo e nesse plano (multiplicidades singulares, não segmentarizadas, feitas de contínuos intensivos, emissões signos-partículas, conjunções de fluxos) —, a ou as Máquinas abstratas, uma vez que constroem esse corpo, traçam esse plano ou "diagramatizam" o que se passa (linhas de fuga ou desterritorializações absolutas).

Depois havia o sistema de estratos. No contínuo intensivo, os estratos recortavam formas e formavam as matérias em substâncias. Nas emissões combinadas, distinguiam expressões e conteúdos, unidades de expressão e unidades de conteúdo, por exemplo, signos e partículas. Nas conjunções, separavam os fluxos consignando-lhes movimentos relativos e territorialidades diversas, desterritorializações relativas e reterritorializações complementares. Assim os estratos instauravam por toda parte articulações duplas animadas de movimentos: formas e substâncias de expressão, que constituíam multiplicidades segmentárias sob relações, a cada vez, determináveis. Tais eram os *strata*. Cada estrato era uma dupla articulação de conteúdo e expressão, ambos realmente distintos, ambos em estado de pressuposição recíproca, disseminando-se um no outro, com agenciamentos maquínicos de duas cabeças estabelecendo correlações entre seus segmentos. O que variava de um estrato a outro era a natureza da distinção real entre conteúdo e expressão, a natureza das substâncias como matérias formadas, a natureza dos movimentos relativos. Podia-se sumariamente distinguir três grandes tipos de distinção real: a real-formal para as ordens de grandeza onde se instaurava uma ressonância de expressão (indução); a *[93]* real-real para sujeitos diferentes onde se instaurava uma linearidade de expressão (transdução); a real-essencial para atributos ou categorias diferentes onde se instaurava uma sobrelinearidade de expressão (tradução).

Um estrato servia de *subestrato* a outro. Tinha uma unidade de composição de acordo com seu meio, seus elementos substanciais e seus traços formais (Ecúmeno). Mas se dividia em *paraestratos*, segundo suas formas irredutíveis e seus meios associados, e em *epistratos*,

10.000 a.C. — A geologia da moral

segundo suas camadas de substâncias formadas e seus meios intermediários. Epistratos e paraestratos deviam ser, eles próprios, considerados estratos. Um agenciamento maquínico era um *interestrato*, uma vez que regulava as relações entre os estratos, mas também, em cada um deles, as relações entre conteúdos e expressões conforme as divisões precedentes. Um mesmo agenciamento podia recorrer a estratos diferentes e numa certa desordem aparente; inversamente, um estrato ou um elemento de estrato podiam funcionar com outros mais, graças a um agenciamento diferente. O agenciamento maquínico, enfim, era um *metaestrato* porque, por outro lado, ficava voltado para o plano de consistência e efetuava necessariamente a máquina abstrata. Esta existia envolvida em cada estrato cujo Ecúmeno ou unidade de composição definia, e desenvolvida no plano de consistência cuja desestratificação conduzia (o Planômeno). Os agenciamentos não ajustavam, por conseguinte, as variáveis de um estrato em função de sua unidade sem também efetuar, dessa ou daquela maneira, a máquina abstrata tal como ela se apresentava fora dos estratos. Os agenciamentos maquínicos se davam, simultaneamente, no cruzamento dos conteúdos e das expressões em cada estrato, e do conjunto dos estratos com o plano de consistência. Eles giravam efetivamente em todas as direções, como faróis.

Pronto, estava acabado. Só mais tarde tudo aquilo tomaria um sentido concreto. A dupla máscara articulada tinha-se desfeito, mas também as luvas e a túnica de onde escorriam líquidos que, em seu percurso fugidio, pareciam corroer os estratos da sala de conferência "cheia das fumaças do olíbano e forrada de papel com estranhos desenhos". Desarticulado, desterritorializado, Challenger murmurava que levava a terra consigo, partia para o mundo misterioso, seu jardim venenoso. Sussurrava ainda: é por debandada que as coisas progridem e os signos proliferam. O pânico é a criação. Uma jovem gritou "debaixo da mais selvagem, mais profunda e mais hedionda crise de pânico epilético". Ninguém tinha ouvido o resumo e ninguém tentava reter Challenger. Challenger, ou o que dele restava, precipitava-se lentamente para o *plano de consistência* seguindo uma trajetória bizarra que nada mais tinha de relativo. Tentava *[94]* deslizar para dentro do agenciamento que servia de porta giratória, espécie de Relógio de partigos, com tique-taque intensivo, ritmos conjugados que

114   Mil platôs

martelavam o absoluto: "A silhueta desmoronou numa postura quase nada humana e começou, fascinada, um movimento singular na direção do relógio em forma de caixão que tiquetaqueava seu ritmo anormal e cósmico. (...) A silhueta tinha agora alcançado o misterioso relógio, e os espectadores viram, através de densas fumaças, uma indistinta garra negra arranhando a grande porta coberta de hieroglifos. O toque da garra provocou um estranho tilintar. A silhueta entrou então na arca em forma de caixão e fechou a porta atrás de si. O tique-taque anormal recomeçou, martelando o negro ritmo cósmico que está na base da abertura de todas as portas ocultas"[30] — a Mecanosfera, ou rizosfera.

Tradução de Célia Pinto Costa

[30] H. P. Lovecraft, *Démons et merveilles*, trad. francesa Bernard Noël, Paris, Bibliothèque Mondiale, 1960, pp. 61-2.

10.000 a.C. — A geologia da moral

ÍNDICE ONOMÁSTICO

As páginas indicadas são as da edição original francesa, inseridas entre colchetes e em itálico ao longo do texto.

Alphandéry, Paul, *35*
Andrzejewski, Jerzy, *34-5*
Arrow, Kenneth J., *26*
Baer, Karl Ernst von, *61-2*, *69*
Baillon, Henri, *32*
Bailly, Jean-Cristophe, *37*
Bateson, Gregory, *32*
Bauer, Felice, *49*
Bennet, E. A., *42*
Benveniste, R. E., *17*
Bergson, Henri, *46*
Boulez, Pierre, *19*
Brossollet, Guy, *27*
Brunswick, Ruth Mack, *39*, *44*, *48*
Büchner, Georg, *36*
Burroughs, William S., *12*
Caldwell, Erskine, *29*
Canetti, Elias, *46-7*
Canguilhem, Georges, *64*
Casinière, Joëlle de la, *33*
Castañeda, Carlos, *19*
Chauvin, Rémy, *17*, *70*
Chomsky, Noam, *11*, *13*, *20*, *23*
Christen, Yves, *17*
Cuvier, Georges, *61-3*, *69*
Dalí, Salvador, *39*
Darwin, Charles, *62-5*
Deligny, Fernand, *22-3*
Devaux, Émile, *80*
Dos Passos, John, *29*

Doyle, Arthur Conan, *53*
Dreiser, Theodore, *29*
Eddington, Arthur, *76*
Eliot, T. S., *29*
Farrachi, Armand, *35*
Faulkner, William, *29*
Fiedler, Leslie, *29*
Fitzgerald, F. Scott, *29*
Foucault, Michel, *86-7*
Freud, Sigmund, *12*, *22*, *27*, *38-45*, *48*, *50-2*
Godard, Jean-Luc, *36*
Goethe, Johann Wolfgang von, *36*
Gould, Glenn, *15*
Griaule, Marcel, *56*
Guilherme, o Conquistador, *30*
Haudricourt, André, *28*, *30*
Hjelmslev, Louis, *58*, *60*, *74*, *85*
Jaccard, Roland, *52*
Jacob, François, *18*, *57-8*, *70*, *77*, *81*
James, Henry, *29*
Joyce, James, *12*, *70*
Jung, Carl Gustav, *42*
Jünger, Ernst, *15*
Kafka, Franz, *10*, *23*, *34*, *36*, *48-50*
Kerouac, Jack, *29*
Kesey, Ken, *29*
Kipling, Rudyard, *43*
Klein, Melanie, *21-2*
Kleist, Heinrich von, *10*, *16*, *36*

Lacan, Jacques, *39*
Lamarck, Jean-Baptiste, *63*
Laviosa-Zambotti, Pia, *69-70*
Leclaire, Serge, *39*
Lenz, Jakob, *36*
Leroi-Gourhan, André, *79*, *83*
Lorenz, Konrad, *47*
Lovecraft, H. P., *94*
Luís XIV, *30*
Malmberg, Bertil, *14*
Mao Tsé-Tung, *11*, *30*
Martinet, André, *74*, *83*
McCawley, James, *23*
Meinong, Alexius, *46*
Miller, Henry, *28-9*
Monod, Jacques, *56*, *65*, *77*, *81*
Nietzsche, Friedrich, *12*, *34*
Omnès, Roland, *54*
Pacotte, Julien, *25*
Perrier, Edmond, *61*, *63*, *80*
Petitot, Jean, *25-7*
Popelin, Claude, *72*
Pound, Ezra, *29*
Proust, Marcel, *51*
Ray, Jean, *42*

Riemann, Bernhard, *46*
Rose, Steven, *24*
Rosenstiehl, Pierre, *25-7*
Rush, J. H., *67*
Russell, Bertrand, *46*
Ruyer, Raymond, *56*
Sadock, Jerrold M., *23*
Saint-Hilaire, Geoffroy, *60-3*, *73*
Schreber, Daniel Paul, *12*
Schwob, Marcel, *34-5*
Serres, Michel, *25*
Simondon, Gilbert, *67*, *71*, *76*, *78*, *89*
Simpson, George Gaylord, *64*
Smith, Patti, *30*
Todaro, G. J., *17*
Uexküll, Jacob von, *67-8*
Vendryès, Pierre, *56*
Vialleton, Louis, *61-2*
Virilio, Paul, *36*
Weinreich, Max, *14*
Welsh, D. J. A., *26*
Wilf, H. S., *26*
Wittfogel, Karl, *30*
Woolf, Virginia, *42*
Wunderlich, Dieter, *23*

ÍNDICE DAS MATÉRIAS

1. Introdução: Rizoma *[9-37]*
Raíz, radícula e rizoma
Problemas dos livros
O Uno e o Múltiplo
Árvore e rizoma
As direções geográficas, Oriente, Ocidente, América
Os danos da árvore
O que é um platô?

2. 1914 — Um só ou vários lobos? *[38-52]*
Neurose e psicose
Por uma teoria das multiplicidades
As matilhas
O inconsciente e o molecular

3. 10.000 a.C. — A geologia da moral (quem a Terra pensa que é?) *[53-94]*
Os estratos
A dupla articulação (segmentaridade)
O que faz a unidade de um estrato
Os meios
Diversidade de um estrato: formas e substâncias, epistratos e paraestratos
O conteúdo e a expressão
A diversidade dos estratos
Molar e molecular
Máquina abstrata e agenciamento: seus estados comparados
Metaestratos

ÍNDICE DAS REPRODUÇÕES

1. Sylvano Bussoti, *Cinco peças para piano para David Tudor*, com a amável autorização de G. Ricordi, Milão © 1970 by G. Ricordi E. C. SPA — *[9]*
2. Foto Boyer, *Rastros de lobos sobre a neve*, col. Viollet — *[38]*
3. Foto Boyer, *Lagosta*, col. Viollet — *[53]*

ÍNDICE GERAL DOS VOLUMES

Volume I
Prefácio à edição italiana
Nota dos autores
1. Introdução: Rizoma
2. 1914 — Um só ou vários lobos?
3. 10.000 a.C. — A geologia da moral (quem a Terra pensa que é?)

Volume II
4. 20 de novembro de 1923 — Postulados da linguística
5. 587 a.C.-70 d.C. — Sobre alguns regimes de signos

Volume III
6. 28 de novembro de 1947 — Como criar para si um Corpo sem Órgãos?
7. Ano zero — Rostidade
8. 1874 — Três novelas ou "O que se passou?"
9. 1933 — Micropolítica e segmentaridade

Volume IV
10. 1730 — Devir-intenso, devir-animal, devir-imperceptível...
11. 1837 — Acerca do ritornelo

Volume V
12. 1227 — Tratado de nomadologia: a máquina de guerra
13. 7.000 a.C. — Aparelho de captura
14. 1440 — O liso e o estriado
15. Conclusão: Regras concretas e máquinas abstratas

BIBLIOGRAFIA DE DELEUZE E GUATTARI

Obras conjuntas de Gilles Deleuze e Félix Guattari

L'Anti-Œdipe: capitalisme et schizophrénie 1. Paris: Minuit, 1972 [ed. bras.: *O anti-Édipo: capitalismo e esquizofrenia 1*, trad. Georges Lamazière. Rio de Janeiro: Imago, 1976; nova ed. bras.: trad. Luiz B. L. Orlandi, São Paulo: Editora 34, 2010].

Kafka: pour une littérature mineure. Paris: Minuit, 1975 [ed. bras.: *Kafka: por uma literatura menor*, trad. Júlio Castañon Guimarães, Rio de Janeiro: Imago, 1977; nova ed. bras.: trad. Cíntia Vieira da Silva, Belo Horizonte: Autêntica, 2014].

Rhizome. Paris: Minuit, 1976 (incorporado em *Mille plateaux*).

Mille plateaux: capitalisme et schizophrénie 2. Paris: Minuit, 1980 [ed. bras. em cinco volumes: *Mil platôs: capitalismo e esquizofrenia 2 — Mil platôs*: vol. 1, trad. Aurélio Guerra Neto e Célia Pinto Costa, Rio de Janeiro: Editora 34, 1995 — *Mil platôs*: vol. 2, trad. Ana Lúcia de Oliveira e Lúcia Cláudia Leão, Rio de Janeiro: Editora 34, 1995 — *Mil platôs*, vol. 3, trad. Aurélio Guerra Neto, Ana Lúcia de Oliveira, Lúcia Cláudia Leão e Suely Rolnik, São Paulo: Editora 34, 1996 — *Mil platôs*, vol. 4, trad. Suely Rolnik, São Paulo: Editora 34, 1997 — *Mil platôs*, vol. 5, trad. Peter Pál Pelbart e Janice Caiafa, São Paulo: Editora 34, 1997].

Qu'est-ce que la philosophie? Paris: Minuit, 1991 [ed. bras.: *O que é a filosofia?*, trad. Bento Prado Jr. e Alberto Alonso Muñoz, Rio de Janeiro: Editora 34, 1992].

Obras de Gilles Deleuze

David Hume, sa vie, son oeuvre, avec un exposé de sa philosophie (com André Cresson). Paris: PUF, 1952.

Empirisme et subjectivité: essai sur la nature humaine selon Hume. Paris: PUF, 1953 [ed. bras.: *Empirismo e subjetividade: ensaio sobre a natureza humana segundo Hume*, trad. Luiz B. L. Orlandi, São Paulo: Editora 34, 2001].

Instincts et institutions: textes et documents philosophiques (organização, prefácio e apresentações de Gilles Deleuze). Paris: Hachette, 1953 [ed. bras.: "Instintos e instituições", trad. Fernando J. Ribeiro, in Carlos Henrique Escobar (org.), *Dossier Deleuze*, Rio de Janeiro: Hólon, 1991, pp. 134-7].

Nietzsche et la philosophie. Paris: PUF, 1962 [ed. bras.: *Nietzsche e a filosofia*, trad. Ruth Joffily Dias e Edmundo Fernandes Dias, Rio de Janeiro: Editora Rio, 1976; nova ed. bras.: trad. Mariana de Toledo Barbosa e Ovídio de Abreu Filho, São Paulo: n-1 edições, 2018].

La Philosophie critique de Kant. Paris: PUF, 1963 [ed. bras.: *Para ler Kant*, trad. Sônia Pinto Guimarães, Rio de Janeiro: Francisco Alves, 1976; nova ed. bras.: *A filosofia crítica de Kant*, trad. Fernando Scheibe, Belo Horizonte: Autêntica, 2018].

Proust et les signes. Paris: PUF, 1964; 4ª ed. atualizada, 1976 [ed. bras.: *Proust e os signos*, trad. da 4ª ed. fr. Antonio Piquet e Roberto Machado, Rio de Janeiro: Forense Universitária, 1987; nova ed. bras.: trad. Roberto Machado, São Paulo: Editora 34, 2022].

Nietzsche. Paris: PUF, 1965 [ed. port.: *Nietzsche*, trad. Alberto Campos, Lisboa: Edições 70, 1981].

Le Bergsonisme. Paris: PUF, 1966 [ed. bras.: *Bergsonismo*, trad. Luiz B. L. Orlandi, São Paulo: Editora 34, 1999 (incluindo os textos "A concepção da diferença em Bergson", 1956, trad. Lia Guarino e Fernando Fagundes Ribeiro, e "Bergson", 1956, trad. Lia Guarino)].

Présentation de Sacher-Masoch. Paris: Minuit, 1967 [ed. bras.: *Apresentação de Sacher-Masoch*, trad. Jorge Bastos, Rio de Janeiro: Taurus, 1983; nova ed. como *Sacher-Masoch: o frio e o cruel*, Rio de Janeiro: Zahar, 2009].

Différence et répétition. Paris: PUF, 1968 [ed. bras.: *Diferença e repetição*, trad. Luiz B. L. Orlandi e Roberto Machado, Rio de Janeiro: Graal, 1988, 2ª ed., 2006; 3ª ed., Rio de Janeiro: Paz e Terra, 2018].

Spinoza et le problème de l'expression. Paris: Minuit, 1968 [ed. bras.: *Espinosa e o problema da expressão*, trad. GT Deleuze — 12, coord. Luiz B. L. Orlandi, São Paulo: Editora 34, 2017].

Logique du sens. Paris: Minuit, 1969 [ed. bras.: *Lógica do sentido*, trad. Luiz Roberto Salinas Fortes, São Paulo: Perspectiva, 1982].

Spinoza. Paris: PUF, 1970 [ed. port.: *Espinoza e os signos*, trad. Abílio Ferreira, Porto: Rés-Editora, s.d.].

Dialogues (com Claire Parnet). Paris: Flammarion, 1977; nova edição, 1996 [ed. bras.: *Diálogos*, trad. Eloisa Araújo Ribeiro, São Paulo: Escuta, 1998; nova ed. bras.: trad. Eduardo Mauricio Bomfim, São Paulo: Lumme, 2017].

Superpositions (com Carmelo Bene). Paris: Minuit, 1979.

Spinoza: philosophie pratique. Paris: Minuit, 1981 [ed. bras.: *Espinosa: filosofia prática*, trad. Daniel Lins e Fabien Pascal Lins, São Paulo: Escuta, 2002].

Francis Bacon: logique de la sensation, vols. 1 e 2. Paris: Éd. de la Différence, 1981, 2ª ed. aumentada, 1984 [ed. bras.: *Francis Bacon: lógica da sensação* (vol. 1), trad. Aurélio Guerra Neto, Bruno Lara Resende, Ovídio de Abreu, Paulo Germano de Albuquerque e Tiago Seixas Themudo, coord. Roberto Machado, Rio de Janeiro: Zahar, 2007].

Cinéma 1 — L'Image-mouvement. Paris: Minuit, 1983 [ed. bras.: *Cinema 1 — A imagem-movimento*, trad. Stella Senra, São Paulo: Brasiliense, 1985; 2ª ed. revista, São Paulo: Editora 34, 2018].

Cinéma 2 — L'Image-temps. Paris: Minuit, 1985 [ed. bras.: *Cinema 2 — A imagem-tempo*, trad. Eloisa Araújo Ribeiro, São Paulo: Brasiliense, 1990; 2ª ed. revista, São Paulo: Editora 34, 2018].

Foucault. Paris: Minuit, 1986 [ed. bras.: trad. Claudia Sant'Anna Martins, São Paulo: Brasiliense, 1988].

Le Pli: Leibniz et le baroque. Paris: Minuit, 1988 [ed. bras.: *A dobra: Leibniz e o barroco*, trad. Luiz B. L. Orlandi, Campinas: Papirus, 1991; 2ª ed. revista, 2000].

Périclès et Verdi: la philosophie de François Châtelet. Paris: Minuit, 1988 [ed. bras.: *Péricles e Verdi: a filosofia de François Châtelet*, trad. Hortência S. Lencastre, Rio de Janeiro: Pazulin, 1999].

Pourparlers (1972-1990). Paris: Minuit, 1990 [ed. bras.: *Conversações (1972-1990)*, trad. Peter Pál Pelbart, Rio de Janeiro: Editora 34, 1992].

L'Épuisé, em seguida a *Quad, Trio du Fantôme, ... que nuages..., Nacht und Träume* (de Samuel Beckett). Paris: Minuit, 1992 [ed. bras.: *Sobre o teatro: O esgotado e Um manifesto de menos*, trad. Fátima Saadi, Ovídio de Abreu e Roberto Machado, intr. Roberto Machado, Rio de Janeiro: Zahar, 2010].

Critique et clinique. Paris: Minuit, 1993 [ed. bras.: *Crítica e clínica*, trad. Peter Pál Pelbart, São Paulo: Editora 34, 1997].

L'Île déserte et autres textes (textes et entretiens 1953-1974) (org. David Lapoujade). Paris: Minuit, 2002 [ed. bras.: *A ilha deserta e outros textos (textos e entrevistas 1953-1974)*, trad. Cíntia Vieira da Silva, Christian Pierre Kasper, Daniel Lins, Fabien Pascal Lins, Francisca Maria Cabrera, Guido de Almeida, Hélio Rebello Cardoso Júnior, Hilton F. Japiassú, Lia de Oliveira Guarino, Fernando Fagundes Ribeiro, Luiz B. L. Orlandi, Milton Nascimento, Peter Pál Pelbart, Roberto Machado, Rogério da Costa Santos, Tiago Seixas Themudo, Tomaz Tadeu e Sandra Corazza, coord. e apr. Luiz B. L. Orlandi, São Paulo: Iluminuras, 2006].

Deux régimes de fous (textes et entretiens 1975-1995) (org. David Lapoujade). Paris: Minuit, 2003 [ed. bras.: *Dois regimes de loucos: textos e entrevistas (1975-1995)*, trad. Guilherme Ivo, rev. técnica Luiz B. L. Orlandi, São Paulo: Editora 34, 2016].

Lettres et autres textes (org. David Lapoujade). Paris: Minuit, 2015 [ed. bras.: *Cartas e outros textos*, trad. Luiz B. L. Orlandi, São Paulo: n-1 edições, 2018].

OBRAS DE FÉLIX GUATTARI

Psychanalyse et transversalité: essais d'analyse institutionnelle (prefácio de Gilles Deleuze). Paris: Maspero, 1972; nova ed., Paris: La Découverte, 2003 [ed. bras.: *Psicanálise e transversalidade: ensaios de análise institucional*, trad. Maria Stela Gonçalves e Adail Ubirajara Sobral, Aparecida, SP: Ideias e Letras, 2004].

La Révolution moléculaire. Fontenay-sous-Bois: Recherches, 1977; 2ª ed., Paris: UGE, 1980 [ed. bras.: *Revolução molecular: pulsações políticas do desejo*, org., trad. e comentários Suely Rolnik, São Paulo: Brasiliense, 1981; 2ª ed., 1985; nova ed. bras.: trad. e prefácio Larissa Drigo Agostinho, São Paulo: Ubu, 2024].

L'Inconscient machinique: essais de schizo-analyse. Fontenay-sous-Bois: Recherches, 1979 [ed. bras.: *O inconsciente maquínico: ensaios de esquizoanálise*, trad. Constança M. César e Lucy M. César, Campinas: Papirus, 1988].

Félix Guattari entrevista Lula. São Paulo: Brasiliense, 1982.

Les Nouveaux espaces de liberté (com Antonio Negri). Paris: Dominique Bedoux, 1985 [ed. bras.: *As verdades nômades: por novos espaços de liberdade*, trad. Mario Marino e Jefferson Viel, São Paulo: Politeia/Autonomia Literária, 2017].

Pratique de l'institutionnel et politique (entrevistas; com Jean Oury e François Tosquelles). Paris: Matrice, 1985.

Micropolítica: cartografias do desejo (com Suely Rolnik). Petrópolis: Vozes, 1985 [ed. francesa: *Micropolitiques*, Paris: Les Empêcheurs de Penser en Rond, 2007].

Les Années d'hiver: 1980-1985. Paris: Bernard Barrault, 1986.

Cartographies schizoanalytiques. Paris: Galilée, 1989.

Les Trois écologies. Paris: Galilée, 1989 [ed. bras.: *As três ecologias*, trad. Maria Cristina F. Bittencourt, Campinas: Papirus, 1990].

Chaosmose. Paris: Galilée, 1992 [ed. bras.: *Caosmose: um novo paradigma estético*, trad. Ana Lúcia de Oliveira e Lúcia Cláudia Leão, Rio de Janeiro: Editora 34, 1992].

Ritournelle(s). Paris: Éditions de la Pince à Linge, 1999 (ed. ilustrada); nova ed., *Ritournelles*, Tours: Éditions Lume, 2007.

La Philosophie est essentielle à l'existence humaine (entrevista com Antoine Spire). La Tour-d'Aigues: L'Aube, 2002.

Écrits pour L'Anti-Œdipe (org. Stéphane Nadaud). Paris: Éditions Lignes/Manifeste, 2004.

65 rêves de Franz Kafka (prefácio de Stéphane Nadaud). Paris: Éditions Lignes, 2007 [ed. bras.: *Máquina Kafka/Kafkamachine*, seleção e notas Stéphane Nadaud, trad. e prefácio Peter Pál Pelbart, posfácio Akseli Virtanen, São Paulo: n-1 edições, 2011].

Bibliografia de Deleuze e Guattari

SOBRE OS AUTORES

Gilles Deleuze nasceu em 18 de janeiro de 1925, em Paris, numa família de classe média. Perdeu seu único irmão, mais velho do que ele, durante a luta contra a ocupação nazista. Gilles apaixonou-se por literatura, mas descobriu a filosofia nas aulas do professor Vial, no Liceu Carnot, em 1943, o que o levou à Sorbonne no ano seguinte, onde obteve o Diploma de Estudos Superiores em 1947 com um estudo sobre David Hume (publicado em 1953 como *Empirismo e subjetividade*). Entre 1948 e 1957 lecionou no Liceu de Amiens, no de Orléans e no Louis-Le-Grand, em Paris. Já casado com a tradutora Fanny Grandjouan em 1956, com quem teve dois filhos, trabalhou como assistente em História da Filosofia na Sorbonne entre 1957 e 1960. Foi pesquisador do CNRS até 1964, ano em que passou a lecionar na Faculdade de Lyon, lá permanecendo até 1969. Além de Jean-Paul Sartre, teve como professores Ferdinand Alquié, Georges Canguilhem, Maurice de Gandillac, Jean Hyppolite e Jean Wahl. Manteve-se amigo dos escritores Michel Tournier, Michel Butor, Jean-Pierre Faye, além dos irmãos Jacques e Claude Lanzmann e de Olivier Revault d'Allonnes, Jean-Pierre Bamberger e François Châtelet. Em 1962 teve seu primeiro encontro com Michel Foucault, a quem muito admirava e com quem estabeleceu trocas teóricas e colaboração política. A partir de 1969, por força dos desdobramentos de Maio de 1968, firmou sua sólida e produtiva relação com Félix Guattari, de que resultaram livros fundamentais como *O anti-Édipo* (1972), *Mil platôs* (1980) ou *O que é a filosofia?* (1991). De 1969 até sua aposentadoria em 1987 deu aulas na Universidade de Vincennes (hoje Paris VIII), um dos centros do ideário de Maio de 68. Em 1995, quando o corpo já doente não pôde sustentar a vitalidade de seus encontros, o filósofo decide conceber a própria morte: seu suicídio ocorre em Paris em 4 de novembro desse ano. O conjunto de sua obra — em que se destacam ainda os livros *Diferença e repetição* (1968), *Lógica do sentido* (1969), *Cinema 1: A imagem-movimento* (1983), *Cinema 2: A imagem-tempo* (1985), *Crítica e clínica* (1993), entre outros — deixa ver, para além da pluralidade de conexões que teceu entre a filosofia e seu "fora", a impressionante capacidade de trabalho do autor, bem como sua disposição para a escrita conjunta, e até para a coescrita, como é o caso dos livros assinados com Guattari.

Pierre-Félix Guattari nasceu em 30 de abril de 1930 em Villeneuve-les-Sablons, Oise, vila próxima a Paris, e faleceu em 29 de agosto de 1992 na clínica de psicoterapia institucional de La Borde, na qual ele próprio trabalhou durante toda a vida, na companhia do irmão Fernand e de Jean Oury, cofundador. Seguiu durante muito tempo os seminários de seu analista, Jacques Lacan, porém no convívio com Gilles Deleuze, com quem se encontrou em 1969, e no processo de escrita de suas obras em parceria, afastou-se do lacanismo. Militante de esquerda, Félix Guattari, como *filósofo da práxis*, tinha horror aos dogmatismos. Participou dos movimentos de Maio de 1968, na França, e promoveu rádios livres nos anos 70; batalhou por causas de minorias em várias partes do mundo (junto aos palestinos em 1976, a operários italianos em 1977, e em movimentos pela redemocratização brasileira a partir de 1979, entre outras). Como declarou em 1983, considerava necessário envolver-se com "processos de singularização" e ao mesmo tempo acautelar-se "contra toda sobrecodificação das intensidades estéticas e dos agenciamentos de desejo, sejam quais forem as proposições políticas e os partidos aos quais se adere, mesmo que sejam bem-intencionados". Guattari esteve na origem do CERFI (Centre d'Études, de Recherches et Formation Institutionnelles), coletivo de pesquisadores em Ciências Humanas, fundado na França, extremamente ativo entre 1967 e 1987, e possui também uma extensa obra individual. Além de sua parceria com Gilles Deleuze, escreveu obras em colaboração com outros autores, como Antonio Negri (*Les Nouveaux espaces de liberté*, 1985) ou, no Brasil, Suely Rolnik (*Micropolítica: cartografias do desejo*, 1986). Em seus envolvimentos teóricos e práticos, o psicanalista e filósofo procurou sempre "liberar o campo do possível", sobretudo através de experimentações micropolíticas que buscam criar aberturas no funcionamento dos coletivos e levar as relações de amizade para além de suas fixações identitárias.

Sobre os autores

Este livro foi composto em Sabon,
pela Bracher & Malta, com CTP da
New Print e impressão da Graphium
em papel Pólen Natural 80 g/m² da
Cia. Suzano de Papel e Celulose para
a Editora 34, em agosto de 2024.